AF596589

L'IMPOSTEUR, OU LE TARTUFFE, COMEDIE,

PAR I. B. P. DE MOLIERE.

Suivant la Copie Imprimée pour l'Auteur, A PARIS. M. DC. LXIX.

ACTEURS.

MADAME PERNELLE, Mere d'Orgon.

ORGON, Mary d'Elmire.

DAMIS, Fils d'Orgon.

MARIANE, Fille d'Orgon, & Amante de (Valere.

VALERE, Amant de Mariane.

CLEANTE, Beaufrere d'Orgon.

TARTUFFE, Faux Deuot.

DORINE, Suivante de Mariane.

MONSIEUR LOYAL, Sergent.

UN EXEMPT.

FLIPOTE, Servante de Madame Pernelle.

La Scene est à Paris.

L'IMPOSTEUR, *COMEDIE.*

ACTE PREMIER.

SCENE PREMIERE.

MADAME PERNELLE, & FLIPOTE sa Servante, ELMIRE, MARIANE, DORINE, DAMIS, CLEANTE.

M. PERNELLE.

ALLONS, Flipote, allons; que d'eux je me déliure.

ELMIRE.

Vous marchez d'un tel pas, qu'on a peine à vous suiure.

M. PERNELLE.

Laissez, ma Bru, laissez; ne venez pas plus loin;
Ce sont toutes façons, dont je n'ay pas besoin.

ELMIRE.

De ce que l'on vous doit, envers vous on s'acquitte
Mais, Ma Mere, d'où vient que vous sortez si viste?

M. PERNELLE.

C'est que je ne puis voir tout ce ménage-cy,

Et que de me complaire, on ne prend nul soucy.
Ouy, ie sors de chez vous fort mal édifiée;
Dans toutes mes leçons, i'y suis contrariée;
On n'y respecte rien; chacun y parle haut,
Et c'est, tout justement, la Cour du Roy Petaut.

DORINE.

Si....

M. PERNELLE.

Vous estes, Mamie, une Fille Suivante
Vn peu trop forte en gueule, & fort impertinente:
Vous vous meslez sur tout de dire vostre auis.

DAMIS.

Mais...

M. PERNELLE.

Vous estes un sot en trois lettres, mon Fils;
C'est moy qui vous le dis, qui suis vostre Grand-Mere;
Et i'ay prédit cent fois à mon Fils, vostre Pere,
Que vous preniez tout l'air d'un méchant Garnement,
Et ne luy donneriez jamais que du tourment.

MARIANE.

Ie croy...

M. PERNELLE.

Mon Dieu, sa Sœur, vous faites la discrette,
Et vous n'y touchez pas, tant vous semblez doucette:
Mais il n'est, comme on dit, pire eau, que l'eau qui dort,
Et vous menez sous-chape, un train que je hais fort.

ELMIRE.

Mais, ma Mere...

M. PERNELLE.

Ma Bru, qu'il ne vous en déplaise,
Vostre conduite en tout, est tout-à-fait mauuaise:
Vous déuriez leur mettre un bon exemple aux yeux,
Et leur défunte Mere en usoit beaucoup mieux.

Vous

Vous estes dépenciere, & cet estat me blesse,
Que vous alliez vestuë ainsi qu'une Princesse.
Quiconque à son Mary veut plaire seulement,
Ma Bru, n'a pas besoin de tant d'ajustement.

CLEANTE.

Mais, Madame, apres tout...

M. PERNELLE.

Pour vous, Monsieur son Frere,
Ie vous estime fort, vous aime, & vous réuere:
Mais enfin, si i'estois de mon Fils son Epous,
Ie vous prierois bien fort, de n'entrer point chez nous.
Sans cesse vous preschez des Maximes de viure,
Qui par d'honnestes Gens ne se doiuent point suiure:
Ie vous parle un peu franc, mais c'est là mon humeur,
Et ie ne mache point ce que i'ay sur le cœur.

DAMIS.

Vostre Monsieur Tartuffe est Bienheureux sans doute...

M. PERNELLE.

C'est un Homme de bien, qu'il faut que l'on écoute;
Et je ne puis souffrir, sans me mettre en courrous,
De le voir querellé par un Fou comme vous.

DAMIS.

Quoy! ie souffriray, moy, qu'un Cagot de Critique,
Vienne usurper ceans un pouuoir tyrannique?
Et que nous ne puissions à rien nous diuertir,
Si ce beau Monsieur-là n'y daigne consentir?

DORINE.

S'il le faut écouter, & croire à ses Maximes,
On ne peut faire rien, qu'on ne fasse des crimes,
Car il contrôle tout, ce Critique zelé.

M. PERNELLE.

Et tout ce qu'il contrôle, est fort bien contrôlé.
C'est au chemin du Ciel qu'il prétend vous conduire;
Et mon Fils, à l'aimer, vous déuroit tous induire.

DAMIS.

Non, voyez-vous, ma Mere, il n'est Pere, ny rien,
Qui me puisse obliger à luy vouloir du bien.
Je trahirois mon cœur, de parler d'autre sorte,
Sur ses façons de faire, à tous coups je m'emporte;
J'en prévois une suite, & qu'avec ce Pié-plat.
Il faudra que j'en vienne à quelque grand éclat.

DORINE.

Certes, c'est une chose aussi qui scandalise,
De voir qu'vn Inconnu ceans s'impatronise;
Qu'vn Gueux qui, quand il vint, n'avoit pas des Souliers.
Et dont l'habit entier valoit bien six deniers,
En vienne jusques-là, que de se méconnoistre,
De contrarier tout, & de faire le Maistre.

M. PERNELLE.

Hé, mercy de ma vie il en iroit bien mieux,
Si tout se gouvernoit par ses ordres pieux.

DORINE.

Il passe pour un Saint dans vostre fantaisie;
Tout son fait, croyez-moy, n'est rien qu'hypocrisie.

M. PERNELLE.

Voyez la langue!

DORINE.

A luy, non plus qu'à son Laurent,
Je ne me firois, moy, que sur un bon Garant.

M. PERNELLE.

J'ignore ce qu'au fond le Serviteur peut estre;
Mais pour Homme de bien, je garantis le Maistre.
Vous ne luy voulez mal, & ne le rebutez,
Qu'à cause qu'il vous dit à tous vos veritez.
C'est contre le Peché que son cœur se courrouce,
Et l'interest du Ciel est tout ce qui le pousse.

DORINE.

Oüy; mais Pourquoy sur tout, depuis un certain temps,
Ne sçauroit-il souffrir qu'aucun hante ceans?
En quoy blesse le Ciel une visite honneste,

Pour en faire un vacarme à nous rompre la teste ?
Veut-on que là dessus je m'explique entre nous ?
Je croy que de Madame il est, ma foy, jalous.

M. PERNELLE.

Taisez-vous, & songez aux choses que vous dites.
Ce n'est pas luy tout seul qui blâme ces visites ;
Tout ce tracas qui suit les Gens que vous hantez,
Ces Carosses sans cesse à la Porte plantez,
Et de tant de Laquais le bruyant assemblage,
Font ut éclat facheux dans tout le voisinage.
Je veux croire qu'au fond il ne se passe rien ;
Mais enfin on en parle, & cela n'est pas bien.

CLEANTE.

Hé, voulez-vous, Madame, empescher qu'on ne cause ;
Ce seroit dans la vie une facheuse chose,
Si pour les sots discours où l'on peut estre mis,
Il falloit renoncer à ses meilleurs Amis :
Et quand mesme on pourroit se resoudre à le faire,
Croiriez-vous obliger tout le monde à se taire ?
Contre la Médisance il n'est point de rempart ;
A tous les sots caquets n'ayons donc nul égard ;
Efforçons-nous de viure avec toute innocence,
Et laissons aux Causeurs une pleine licence.

DORINE.

Daphné nostre Voisine, & son petit Epous,
Ne serojent-ils point ceux qui parlent mal de nous!
Ceux de qui la conduite offre le plus à rire,
Sont toûjours sur autruy les premiers à médire ;
Ils ne manquent jamais de saisir promptement
L'apparente lueur du moindre attachement,
D'en semer la nouvelle avec beaucoup de joye,
Et d'y donner le tour qu'ils veulent qu'on y croye.
Des actions d'autruy, teintes de leurs couleurs,
Ils pensent dans le monde authoriser les leurs,
Et sous le faux espoir de quelque ressemblance,
Aux intrigues qu'ils ont, donner de l'innocence,
Ou faire ailleurs tomber quelques traits partagez
De ce blâme public dont ils sont trop chargez.

M. PERNELLE.

Tous ces raisonnemens ne sont rien à l'affaire:
On sçait qu'Orante méne une vie exemplaire;
Tous ses soins vont au Ciel, & i'ay sçeu par des
Gens,
Qu'elle condamne fort le train qui vient ceans.

DORINE.

L'exemple est admirabile, & cette Dame est bonne:
Il est vray qu'elle vit en austere Personne;
Mais l'âge, dans son ame, a mis ce zele ardent,
Et l'on sçait qu'elle est Prude, à son corps defen-
dant.
Tant qu'elle a pû des Cœurs attirer les homma-
ges,
Elle a fort bien jouy de tous ses auantagea:
Mais voyant de ses yeux tous les brillans baisser,
Au monde, qui la quitte, elle veut renoncer;
Et du voile pompeux d'une haute sagesse,
De ses attraits usez, déguiser la foiblesse.
Ce sont-là les retours des Coquettes du temps.
Il leur est dur de voir deserter les Galans.
Dans un tel abandon, leur sombre inquietude
Ne voit d'autre recours que le mestier de Prude;
Et la seuerité de ces Femmes de bien,
Censure toute chose, & ne pardonne à rien;
Hautement, d'vn chacun, elles blâment la vie,
Non point par charité, mais par vn trait d'enuie
Qui ne sçauroit souffrir qu'vne autre ait les plaisirs,
Dont le panchant de l'âge a sevré leurs desirs.

M. PERNELLE.

Voila les contes bleus qu'il vous faut, pour vous
plaire.
Ma bru, l'on est, chez vous, contrainte de se taire;
Car Madame, à jaser, tient le dé tout le jour:
Mais enfin, ie prétens discourir à mon tour.
Ie vous dy que mon Fils n'a rien fait de plus sage,
Qu'en recueillant chez soy ce deuot Personnage;
Que le Ciel au besoin l'a ceans enuoyé,
Pour redresser à tous vostre esprit fourvoyé;

Que

Que pour vostre salut vous le devez entendre,
Et qu'il ne reprend rien, qui ne soit à reprendre.
Ces Visites, ces Bals, ces Conversations,
Sont, du malin Esprit, toutes inventions.
Là, jamais on n'entend de pieuses paroles,
Ce sont propos oisifs, chansons, & fariboles;
Bien souvent le Prochain en a sa bonne part,
Et l'on y sçait médire, & du tiers, & du quart.
Enfin les Gens sensez ont leurs testes troublées,
De la confusion de telles assemblées:
Mille caquets divers s'y font en moins de rien;
Et comme l'autre jour un Docteur dit fort bien,
C'est veritablement la Tour de Babilone,
Car chacun y babille, & tout du long de l'aune;
Et pour conter l'Histoire où ce poinct l'engagea....
Voila-t-il pas Monsieur qui ricane déja?
Allez chercher vos Fous qui vous donnent à rire;
Et sans.... Adieu, ma Bru, je ne veux plus rien dire.
Sçachez que pour ceans j'en rabats de moitié,
Et qu'il fera beau temps, quand j'y mettray le pié.

Donnant un soufflet à Flipote.

Allons, vous; vous resvez, & bayez aux Corneilles;
Iour de Dieu, je sçauray vous frotter les oreilles;
Marchons, gaupe, marchons.

SCENE II.

CLEANTE, DORINE.

CLEANTE.

Je n'y veux point aller,
De peur qu'elle ne vinst encor me quereller;
Que cette bonne Femme....

DORINE.

Ah! certes, c'est dommage,
Qu'elle ne vous oüist tenir un tel langage?

Elle vous diroit bien qu'elle vous trouve bon,
Et qu'elle n'est point d'âge à luy donner ce nom.

CLEANTE.

Comme elle s'est pour rien contre nous échauffée!
Et que de son Tartuffe elle paroist coiffée!

DORINE.

Oh vrayment, tout cela n'est rien au pris du Fils;
Et si vous l'aviez veu, vous diriez, c'est bien pis.
Nos troubles l'avoient mis sur le pié d'Homme sage,
Et pour servir son Prince, il montra du courage:
Mais il est devenu comme un Homme hébéré,
Depuis que de Tartuffe on le voit entesté.
Il l'appelle son Frere, & l'aime dans son ame
Cent fois plus qu'il ne fait Mere, Fils, Fille, & Femme.
C'est de tous ses secrets l'unique Confident,
Et de ses actions le Directeur prudent.
Il le choye, il l'embrasse; & pour une Maîtresse,
On ne sçauroit, je pense, avoir plus de tendresse.
A table, au plus haut bout, il veut qu'il soit assis,
Avec joye il l'y voit manger autant que six;
Les bons morceaux de tout, il fait qu'on les luy cede;
Et s'il vient à rotter, il luy dit, Dieu vous aide.

C'est une Servante qui parle.

Enfin il en est fou; c'est son tout, son Héros;
Il l'admire à tous coups, le cite à tout propos;
Ses moindres actions luy semblent des miracles,
Et tous les mots qu'il dit, sont pour luy des Oracles.
Luy qui connoist sa dupe, & qui veut en joüir,
Par cent dehors fardez, a l'art de l'ébloüir;
Son Cagotisme en tire à toute heure des sommes,
Et prend droict de gloser sur tous tant que nous sommes.
Il n'est pas jusqu'au Fat, qui luy sert de Garçon,
Qui ne se mesle aussi de nous faire leçon.
Il vient nous sermonner avec des yeux farouches,

Et

Et jetter nos Rubans, nostre Rouge, & nos Mouches.
Le traistre, l'autre jour, nous rompit de ses mains,
Un Mouchoir qu'il trouva dans une Fleur des Saints;
Disant que nous meslions, par un crime effroyable,
Avec la Sainteté, les parures du Diable.

SCENE III.

ELMIRE, MARIANE, DAMIS, CLEANTE, DORINE.

ELMIRE.

Vous estes bien heureux, de n'estre point venu
Au discours qu'à la Porte elle nous a tenu.
Mais j'ay veu mon Mary; comme il ne m'a point veuë,
Je veux aller là-haut attendre sa venuë.

CLEANTE.

Moy, je l'attens icy pour moins d'amusement,
Et je vais luy donner le bonjour seulement.

DAMIS.

De l'hymen de ma Sœur, touchez-luy quelque chose.
J'ay soupçon que Tartuffe à son effet s'oppose;
Qu'il oblige mon Pere à des détours si grans,
Et vous n'ignorez pas quel interest j'y prens.
Si mesme ardeur enflame, & ma Sœur, & Valere,
La Sœur de cet Amy, vous le sçavez, m'est chere:
Et s'il falloit....

DORINE.

Il entre.

SCENE IV.

ORGON, CLEANTE, DORINE.

ORGON.

AH, mon Frere, bon-jour.

CLEANTE.

Je sortois, & j'ay joye à vous voir de retour:
La Campagne, à present, n'est pas beaucoup fleurie.

ORGON.

Dorine, mon Beaufrere, attendez, je vous prie.
Vous voulez bien souffrir, pour m'oster de soucy,
Que je m'informe un peu des nouvelles d'icy.
Tout s'est-il, ces deux jours, passé de bonne sorte?
Qu'est-ce qu'on fait ceans? comme est-ce qu'on s'y porte?

DORINE.

Madame eut, avant-hyer, la fievre jusqu'au soir,
Avec un mal de teste étrange à concevoir.

ORGON.

Et Tartuffe?

DORINE.

Tartuffe? Il se porte à merveille,
Gros, & gras, le teint frais, & la bouche vermeille.

ORGON.

Le pauvre Homme!

DORINE.

Le soir elle eut un grand dégoût,
Et ne pût au Soupé toucher à rien du tout,
Tant sa douleur de teste estoit encor cruelle.

ORGON.

Et Tartuffe?

DORINE.

Il soupa, luy tout seul, devant elle,
Et fort devotement il mangea deux Perdris,
Avec une moitié de Gigot en hachis.

ORGON.

Le pauvre Homme!

DORINE.

La nuit se passa toute entiere,
Sans qu'elle pust fermer un moment la paupiere;
Des chaleurs l'empeschoiet de pouvoir sommeiller
Et jusqu'au jour, pres d'elle, il nous fallut veiller.

ORGON.

Et Tartuffe?

DORINE.

Pressé d'un sommeil agreable,
Il passa dans sa Chambre, au sortir de la Table;
Et dans son Lit bien chaud, il se mit tout soudain,
Où sans trouble il dormit jusques au lendemain.

ORGON.

Le pauvre Homme!

DORINE.

A la fin, par nos raisons gagnée,
Elle se resolut à souffrir la saignée,
Et le soulagement suivit tout aussitost.

ORGON.

Et Tartuffe?

DORINE.

Il reprit courage comme il faut;
Et contre tous les maux fortifiant son ame,
Pour reparer le sang qu'avoit perdu Madame,
Beut à son déjeuné, quatre grans coups de Vin.

ORGON.

Le pauvre Homme!

DORINE.

Tous deux se portent bien enfin;
Et je vais à Madame anoncer par avance,
La part que vous prenez à sa convalescence.

SCENE V.

ORGON, CLEANTE.

CLEANTE.

A Vostre nez, mon Frere, elle se rit de vous;
Et sans auoir dessein de vous mettre en courrous,
Je vous diray tout franc, que c'est auec justice.
A-t-on jamais parlé d'vn semblable caprice?
Et se peut-il qu'vn Homme ait vn charme aujourd'huy
A vous faire oublier toutes choses pour luy?
Qu'apres auoir chez vous reparé sa misere,
Vous en veniez au poinct....

ORGON.

Alte-là, mon Beaufrere,
Vous ne connoissez pas celuy dont vous parlez.

CLEANTE.

Ie ne le connois pas, puis que vous le voulez:
Mais enfin, pour sçavoir quel Homme ce peut estre...

ORGON.

Mon Frere. vous seriez charmé de le connestre,
Et vos rauissemens ne prendroient point de fin.
C'est un Homme... qui... ha.. un Homme... un Hõme enfin,
Qui suit bien ses leçons, gouste une paix profonde,
Et comme du fumier, regarde tout le monde.
Ouy, je deuiens tout autre auec son entretien,
Il m'enseigne à n'auoir affection pour rien;
De toutes amitiez il détache mon ame;
Et je verrois mourir Frere, Enfans, Mere, & Fẽme,
Que je m'en soucirois autant que de cela.

CLEANTE.

Les sentimens humains, mon Frere, que voila!

ORGON.

Ha, si vous aviez veu comme j'en fis rencontre,

Vous auriez pris pour luy l'amitié que je montre.
Chaque jour à l'Eglise il venoit d'un air dous,
Tout vis-à-vis de moy, se mettre à deux genous.
Il attiroit les yeux de l'assemblée entiere,
Par l'ardeur dont au Ciel il poussoit sa priere:
Il faisoit des soûpirs, de grands élancemens,
Et baisoit humblement la terre à tous momens;
Et lors que je sortois, il me deuançoit viste,
Pour m'aller à la Porte offrir de l'Eau-beniste.
Instruit par son Garçon qui dans tout l'imitoit,
Et de son indigence, & de ce qu'il estoit,
Ie luy faisois des dons; mais auec modestie,
Il me vouloit toûjours en rendre un partie.
C'est trop, me disoit-il, c'est trop de la moitié,
Ie ne merite pas de vous faire pitié:
Et quand je refusois de le vouloir reprendre,
Aux Pauures, à mes yeux, il alloit le répandre.
Enfin le Ciel, chez moy, me le fit retirer,
Et depuis ce temps-là, tout semble y prosperer.
Ie voy qu'il reprend tout, & qu'à ma Femme mesme,
Il prend pour mon honneur un interest extréme;
Il m'auertit des Gens qui luy font les yeux dous,
Et plus que moy, six fois, il s'en montre jalous.
Mais vous ne croiriez point jusqu'où monte son zele;
Il s'impute à peché la moindre bagatelle,
Vn rien presque suffit pour le scandaliser,
Iusques-là qu'il se vint l'autre jour accuser
D'auoir pris une Puce en faisant sa priere,
Et de l'auoir tuée auec trop de colere.

CLEANTE.

Parbleu, vous estes fou, mon Frere, que je croy.
Auec de tels discours vous moquez-vous de moy?
Et que pretendez-vous que tout ce badinage....

ORGON.

Mon Frere, ce discours sent le libertinage.
Vous en estes vn peu dans vostre ame entaché,
Et comme je vous l'ay plus de dix fois presché,

Vous

Vous vous attirerez quelque méchante affaire.

CLEANTE.

Voila de vos pareils le discours ordinaire.
Ils veulent que chacun soit aveugle comme eux.
C'est estre libertin, que d'avoir de bons yeux;
Et qui n'adore pas de vaines simagrées,
N'a ny respect, ny foy, pour les choses sacrées.
Allez, tous vos discours ne me font point de peur;
Je sçay comme je parle, & le Ciel voit mon cœur.
De tous vos Façonniers on n'est point les Esclaves,
Il est de faux Devots, ainsi que de faux Braves:
Et comme on ne voit pas qu'où l'honneur les conduit,
Les vrais Braves soient ceux qui font beaucoup de bruit;
Les bons & vrais Devots qu'on doit suivre à la trace,
Ne sont pas ceux aussi qui font tant de grimace.
Hé quoy! vous ne ferez nulle distinction
Entre l'Hypocrisie, & la Devotion?
Vous les voulez traitter d'un semblable langage,
Et rendre mesme honneur au masque qu'au visage?
Egaler l'artifice, à la sincerité;
Confondre l'apparence, avec la verité;
Estimer le Fantôme, autant que la Personne;
Et la fausse monnoye, à l'égal de la bonne?
Les Hommes, la pluspart, sont étrangement faits!
Dans la juste nature on ne les voit jamais.
La raison a pour eux des bornes trop petites.
En chaque caractere ils passent ses limites,
Et la plus noble chose, ils la gastent souvent,
Pour la vouloir outrer, & pousser trop avant.
Que cela vous soit dit en passant, mon Beaufrere.

ORGON.

Ouy, vous estes, sans doute, un Docteur qu'on révere;
Tout le sçavoir du Monde est chez vous retiré,
Vous estes le Seul Sage, & le seul éclairé,
Un Oracle, un Caton, dans le Siecle où nous sommes,
Et pres de vous ce sont des Sots, que tous les Hommes.

CLEAN-

CLEANTE.

Je ne ſuis point, mon Frere, un Docteur réveré,
Et le Sçavoir, chez moy, n'eſt pas tout retiré.
Mais en un mot je ſçay, pour toute ma ſcience,
Du faux, avec le vray, faire la diference:
Et comme je ne voy nul genre de Héros
Qui ſoient plus à priſer que les parfaits Devots;
Aucune choſe au Mõde, & plus noble, & plus belle,
Que la ſainte ferveur d'un veritable zele;
Auſſi ne vois-je rien qui ſoit plus odieux,
Que le dehors plaſtré d'un zele ſpécieux;
Que ces francs Charlatans, que ces Devots de Place,
De qui la ſacrilege & trompeuſe grimace
Abuſe impunément, & ſe jouë à leur gré,
De ce qu'ont les Mortels de plus ſaint, & ſacré.
Ces Gens, qui par une ame à l'intereſt ſoûmiſe,
Font de Devotion meſtier & marchandiſe,
Et veulent acheter credit, & dignitez,
A prix de faux clins-d'yeux, & d'élans affectez.
Ces Gens, dis-je, qu'on voit d'une ardeur non commune,
Par le chemin du Ciel courir à leur fortune;
Qui brûlans, & prians, demandent chaque jour,
Et preſchent la retraite au milieu de la Cour:
Qui ſçavent ajuſter leur zele avec leurs vices,
Sont prõpts, vindicatifs, ſans foy, pleins d'artifices,
Et pour perdre quelqu'un, couvrent inſolemment,
De l'intereſt du Ciel, leur fier reſſentiment;
D'autant plus dangereux dans leur aſpre colere,
Qu'ils prennent cõtre nous des armes qu'on révere
Et que leur paſſion dont on leur ſçait bon gré,
Veut nous aſſaſſiner avec un fer ſacré.
De ce faux caractere, on en voit trop paroiſtre;
Mais les Devots de cœur ſont aiſez à connoiſtre.
Noſtre Siecle, mon Frere, en expoſe à nos yeux,
Qui peuvent nous ſervir d'exemples glorieux.
Regardez Ariſton, regardez Periandre,
Oronte, Alcidamas, Polidore, Clitandre:
Ce titre par aucun ne leur eſt debatu,

Ce ne

Ce ne sont point du tout Fanfarons de vertu,
On ne voit point en eux ce faste insuportable,
Et leur Devotion est humaine, est traitable.
Ils ne censurent point toutes nos actions,
Ils trouvent trop d'orgueil dans ces corrections,
Et laissant la fierté des paroles aux autres,
C'est par leurs actions, qu'ils reprennent les nostres.
L'apparence du mal a chez eux peu d'appuy,
Et leur ame est portée à juger bien d'autruy;
Point de cabale en eux, point d'intrigues à suivre;
On les voit pour tous soins, se mesler de bien vivre.
Jamais contre un Pecheur ils n'ont d'acharnement,
Ils attachent leur haine au Peché seulement,
Et ne veulent point prendre, avec un zele extréme,
Les interests du Ciel, plus qu'il ne veut luy-mesme.
Voila mes Gens, voila comme il en faut user,
Voila l'exemple enfin qu'il se faut proposer.
Vostre Homme, à dire vray, n'est pas de ce modele,
C'est de fort bonne foy que vous vantez son zele,
Mais par un faux éclat je vous crois ébloüy.

ORGON.

Monsieur mon cher Beaufrere, avez-vous tout dit?

CLEANTE.

Oüy.

ORGON.

Je suis vostre valet.

Il veut s'en aller.

CLEANTE.

De grace, un mot, mon Frere,
Laissons-là ce discours. Vous sçavez que Valere,
Pour estre vostre Gendre, a parole de vous.

ORGON.

Ouy.

CLEANTE.

Vous aviez pris jour pour un lien si dous.

ORGON.

Il est vray.

CLEANTE.

Pourquoy donc en diferer la feste?

OR-

ORGON.

Je ne sçais.

CLEANTE.

Auriez-vous autre pensée en teste ?

ORGON.

Peut-estre.

CLEANTE.

Vous voulez manquer à vostre foy ?

ORGON.

Je ne dis pas cela.

CLEANTE.

Nul obstacle, je croy,
Ne vous peut empescher d'accomplir vos promesses.

ORGON.

Selon.

CLEANTE.

Pour dire un mot, faut-il tant de finesses ?
Valere, sur ce poinct, me fait vous visiter.

ORGON.

Le Ciel en soit Loüé.

CLEANTE.

Mais que luy reporter ?

ORGON.

Tout ce qu il vous plaira.

CLEANTE.

Mais il est necessaire
De sçavoir vos desseins. Quels sont-ils donc ?

ORGON.

De faire
Ce que le Ciel voudra.

CLEANTE.

Mais parlons tout de bon.
Valere a vostre foy. La tiendrez-vous, ou non ?

ORGON.

Adieu.

CLEANTE.

Pour son amour, je crains une disgrace,
Et je dois l'avertir de tout ce qui se passe.

Fin du Premier Acte.

ACTE II.

SCENE PREMIERE.

ORGON, MARIANE.

ORGON.

Mariane.

MARIANE.

Mon Pere.

ORGON.

Approchez. J'ay dequoy
Vous parler en secret.

MARIANE.

Que cherchez-vous ?

ORGON.

Il regarde dans un petit Cabinet. Je voy
Si quelqu'un n'est point là, qui pourroit nous entendre ;
Car ce petit endroit est propre pour surprendre.
Or-sus, nous voila bien. J'ay, Mariane, en vous,
Reconnu, de tout temps, un esprit assez dous ;
Et de tout temps aussi vous m'avez esté chere.

MARIANE.

Je suis fort redevable à cet amour de Pere.

ORGON.

C'est fort bien dit, ma Fille ; & pour le meriter,
Vous devez n'avoir soin que de me contenter.

MARIANE.

C'est où je mets aussi ma gloire la plus haute.

ORGON.

Fort bien. Que dites-vous de Tartuffe nostre Hoste ?

MARIANE.

Qui, moy ?

ORGON.

Vous. Voyez bien comme vous répondrez.

MARIANE.

Helas ! j'en diray, moy, tout ce que vous voudrez.

OR-

ORGON.

C'est parler sagement. Dites-moy donc, ma Fille,
Qu'en toute sa Personne un haut mérite brille,
Qu'il touche vostre cœur, & qu'il vous seroit dous
De le voir, par mon chois, devenir vostre Epous.
Eh? *Mariane se recule avec surprise.*

MARIANE.

Eh?

ORGON.

Qu'est-ce?

MARIANE.

Plaist-il?

ORGON.

Quoy?

MARIANE.

Me suis-je méprise?

ORGON.

Comment?

MARIANE.

Qui voulez-vous, mon Pere, que je dise,
Qui me touche le cœur, & qu'il me seroit dous
De voir, par vostre chois, devenir mon Epous?

ORGON.

Tartuffe.

MARIANE.

Il n'en est rien, mon Pere, je vous jure:
Pourquoy me faire dire une telle imposture?

ORGON.

Mais je veux que cela soit une verité;
Et c'est assez pour vous, que je l'aye arresté.

MARIANE.

Quoy! vous voulez, mon Pere....

ORGON.

Ouy, je prétens, ma Fille,
Unir, par vostre hymen, Tartuffe à ma Famille.
Il sera vostre Epous, j'ay résolu cela;
Et comme sur vos vœux je...

SCE-

SCENE II.

DORINE, ORGON, MARIANE.

ORGON.

Que faites-vous là ?
La curiosité qui vous presse, est bien forte,
Mamie, à nous venir écouter de la sorte.

DORINE.

Vrayment, je ne sçay pas si c'est un bruit qui part,
De quelque conjecture, ou d'un coup de hazard ;
Mais de ce mariage on m'a dit la nouvelle,
Et j'ay traitté cela de pure bagatelle.

ORGON.

Quoy donc, la chose est-elle incroyable ?

DORINE.

A tel poinct,
Que vous-mesme, Monsieur, je ne vous en croy point.

ORGNN.

Je sçay bien le moyen de vous le faire croire.

DORINE.

Ouy, ouy, vous nous contez une plaisante Histoire.

ORGON.

Je conte justement ce qu'on verra dans peu.

DORINE.

Chansons.

ORGON.

Ce que je dis, ma Fille, n'est point jeu.

DORINE.

Allez, ne croyez point à Monsieur vostre Pere.
Il raille.

ORGON.

Je vous dy....

DORINE.

Non, vous avez beau faire,
On ne vous croira point.

ORGON.

A la fin, mon courrous....

DORINE.

Hé bien on vous croit donc, & c'est tant pie pour vous.
Quoy! se peut-il, Monsieur, qu'avec l'air d'Homme sage,
Et cette large barbe au milieu du visage,
Vous soyez assez fou pour vouloir....

ORGON.

Ecoutez.
Vous avez pris ceans certaines privautez
Qui ne me plaisent point; je vous le dis, Mamie

DORINE.

Parlons sans nous fâcher, Monsieur, je vous suplie
Vous moquez-vous des Gens, d'avoir fait ce complot?
Vostre Fille n'est point l'affaire d'un Bigot.
Il a d'autres emplois ausquels il faut qu'il pense;
Et puis, que vous apporte une telle alliance?
A quel sujet aller, avec tout vostre bien,
Choisir un Gendre gueux....

ORGON.

Taisez-vous. S'il n'a rien,
Sçachez que c'est par là, qu'il faut qu'on le révere
Sa misere est sans doute une honneste misere.
Au dessus des grandeurs elle doit l'élever,
Puis qu'enfin de son bien il s'est laissé priver
Par son trop peu de soin des choses temporelles,
Et sa puissante attache aux choses éternelles.
Mais mon secours pourra luy donner les moyens
De sortir d'embarras, & rentrer dans ses biens.
Ce sont Fiefs qu'à bon titre au Païs on renomme,
Et tel que l'on le voit, il est bien Gentilhomme.

DORINE.

Ouy, c'est luy qui le dit; & cette vanité,
Monsieur, ne sied pas bien avec la Pieté.
Qui d'une sainte vie embrasse l'innocence,
Ne doit point tant prôner son nom, & sa naissance;

Et l'humble procedé de la Devotion,
Souffre mal les éclats de cette ambition.
A quoy bon cet orgueil.... Mais ce discours vous blesse,
Parlons de sa Personne, & laissons sa Noblesse.
Ferez-vous possesseur, sans quelque peu d'ennuy,
D'une Fille comme elle, un Homme comme luy?
Et ne devez-vous pas songer aux bienseances,
Et de cette union prévoir les consequences?
Sçachez que d'une Fille on risque la vertu,
Lors que dans son hymen son goust est combattu;
Que le dessein d'y viure en honneste Personne,
Dépend des qualitez du Mary qu'on luy donne;
Et que ceux dont par tout on montre au doigt le front,
Font leurs Femmes souvent, ce qu'on voit qu'elles sont.
Il est bien difficile enfin d'estre fidelle
A de certains Maris faits d'un certain modele;
Et qui donne à sa Fille un Homme qu'elle hait,
Est responsable au Ciel des fautes qu'elle fait.
Songez à quels périls vostre dessein vous livre.

ORGON.

Je vous dis qu'il me faut apprendre d'elle à vivre.

DORINE.

Vous n'en feriez que mieux, de suivre mes leçons.

ORGON.

Ne nous amusons point, ma Fille, à ces chansons;
Je sçay ce qu'il vous faut, & je suis vostre Pere.
J'avois donné pour vous ma parole à Valere;
Mais outre qu'à jouer on dit qu'il est enclin,
Je le soupçonne encor d'estre un peu libertin;
Je ne remarque point qu'il hante les Eglises.

DORINE.

Voulez-vous qu'il y coure à vos heures précises,
Comme ceux qui n'y vont que pour estre aperçeus?

ORGON.

Ie ne demande pas vostre avis là-dessus.
Enfin, avec le Ciel, l'autre est le mieux du monde,

Et c'est une richesse à nulle autre seconde.
Cet hymen, de tous biens, comblera vos desirs.
Il sera tout confit en douceurs, & plaisirs.
Ensemble vous vivrez, dans vos ardeurs fidelles,
Comme deux vrais Enfans, comme deux Tourterelles.
A nul fâcheux debat jamais vous n'en viendrez,
Et vous ferez de luy tout ce que vous voudrez.

DORINE.

Elle? Elle n'en fera qu'un Sot, je vous assure.

ORGON.

Ouais, quels discours!

DORINE.

Je dis qu'il en a l'encolûre,
Et que son ascendant, Monsieur, l'emportera
Sur toute la vertu que vostre Fille aura.

ORGON.

Cessez de m'interrompre, & songez à vous taire,
Sans mettre vostre nez où vous n'avez que faire.

DORINE.

Je n'en parle, Monsieur, que pour vostre interest.

Elle l'interromp toûjours au moment qu'il se retourne pour parler à sa Fille.

ORGON.

C'est prendre trop de soin; taisez-vous, s'il vous plaist.

DORINE.

Si l'on ne vous aimoit....

ORGON.

Je ne veux pas qu'on m'aime.

DORINE.

Et je veux vous aimer, Monsieur, malgré vous-mesme.

ORGON.

Ah!

DORINE.

Vostre honneur m'est cher, & je ne puis souffrir
Qu'aux brocards d'un chacun vous alliez vous offrir.

ORGON.

Vous ne vous tairez point?

DORINE.

C'st une conscience,
Que de vous laisser faire une telle alliance.

ORGON.

Te tairas-tu, Serpent, dont les traits effrontez....

DORINE.

Ah! vous estes Devot, & vous vous emportez?

ORGON.

Oüy, ma bile s'échaufe à toutes ces fadaises,
Et, tout résolument, je veux que tu te taises.

DORINE.

Soit. Mais ne disant mot, je n'en pense pas moins.

ORGON.

Pense, si tu le veux; mais applique tes soins
A ne m'en point parler, ou.... Suffit.* Comme sage,
J'ay pesé mûrement toutes choses. ** Se retournant vers sa Fille.*

DORINE.

J'enrage,
De ne pouvoir parler. *Elle se taist lors qu'il tourne la teste.*

ORGON.

Sans estre Damoiseau,
Tartuffe est fait de sorte....

DORINE.

Ouy, c'est un beau museau.

ORGON.

Que quand tu n'aurois mesme aucune simpathie
Pour tous les autres dons.... *Il se retourne devant elle, & la regarde les bras croisez.*

DORINE.

La voila bien lotie.
Si j'estois en sa place, un Homme assurément
Ne m'épouseroit pas de force, impunément;
Et je luy ferois voir bientost, apres la feste,
Qu'une Femme a toûjours une vangeance preste.

ORGON.

Donc, de ce que je dis, on ne fera nul cas?

DORINE.

Dequoy vous plaignez-vous? je ne vous parle pas.

ORGON.

Qu'est-ce que tu fais donc?

DORINE.

Je me parle à moy-mesme.

ORGON.

Fort bien. Pour chastier son insolence extréme,
Il faut que je luy donne un revers de ma main.

Il se met en posture de luy donner un soufflet; & Dorine à chaque coup d'œil qu'il jette, se tient droite sans parler.

Ma Fille, vous devez approuver mon dessein....
Croire que le Mary.... que j'ay sçeu vous élire....
Que ne te parles-tu?

DORINE.

Je n'ay rien à me dire.

ORGON.

Encor un petit mot.

DORINE.

Il ne me plaist pas, moy.

ORGON.

Certes, je t'y guettois.

DORINE.

Quelque sotte, ma foy.

ORGON

Enfin, ma Fille, il faut payer d'obeïssance,
Et montrer, pour mon chois, entiere déference.

DORINE *en s'enfuyant.*

Jéme mocquerois fort, de prendre un tel Epous.

Il luy veut donner un soufflet, & la manque.

Vous avez-là, ma Fille, une peste avec vous,
Avec qui, sans peché, je ne sçaurois plus vivre.
Je me sens hors d'estat maintenant de poursuivre,
Ses discours insolens m'ont mis l'esprit en feu,
Et je vais prendre l'air, pour me rassoir un peu.

SCENE III.

DORINE, MARIANE.

DORINE.

Avez-vous donc perdu, dites-moy, la parole?
Et faut-il qu'en cecy je fasse vostre rôle?
Souffrir qu'on vous propose un projet insensé,
Sans que du moindre mot vous l'ayez repoussé!

MARIANE.

Contre un Pere absolu, que veux-tu que je fasse?

DORINE.

Ce qu'il faut pour parer une telle menace.

MARIANE.

Quoy?

DORINE.

Luy dire qu'un cœur n'aime point par autruy;
Que vous vous mariez pour vous, non pas pour luy:
Qu'estant celle pour qui se fait toute l'affaire,
C'est à vous, non à luy, que le Mary doit plaire;
Et que si son Tartuffe est pour luy si charmant,
Il le peut épouser, sans nul empeschement.

MARIANE.

Un Pere, je l'avouë, a sur nous tant d'empire,
Que je n'ay jamais eu la force de rien dire.

DORINE.

Mais raisonnons. Valere a fait pour vous des pas;
L'aimez-vous, je vous prie, ou ne l'aimez-vous pas?

MARIANE.

Ah! qu'envers mon amour, ton injustice est grande,
Dorine! Me dois tu faire cette demande?
T'ay-je pas là-dessus ouvert cent fois mon cœur?
Et sçais-tu pas, pour luy, jusqu'où va mon ardeur?

DORINE.

Que sçay-je si le cœur a parlé par la bouche,
Et si c'est tout de bon que cet Amant vous touche?

MARIANE.

Tu me fais un grand tort, Dorine, d'en douter,

Et

Et mes vrais ſentimens ont ſçeu trop éclater.

DORINE.

Enfin vous l'aimez donc ?

MARIANE.

Ouy, d'une ardeur extréme.

DORINE.

E. ſelon l'apparence, il vons aime de meſme ?

MARIANE.

Je le croy.

DORINE.

Et tous deux brûlez également
De vous voir mariez enſemble ?

MARIANE.

Aſſurément.

DORINE.

Sur cette autre union, qu'elle eſt donc voſtre at- (tente?

MARIANE.

De me donner la mort, ſi l'on me violente.

DORINE.

Fort bien. C'eſt un recours où je ne ſongeois pas ;
Vous n'avez qu'à mourir, pour ſortir d'embarras,
Le remede ſans doute eſt merueilleux. J'enrage,
Lors que j'entens tenir ces ſortes de langage.

MARIANE.

Mon Dieu, de quelle humeur, Dorine, tu te rens?
Tu ne compatis point aux déplaiſirs des Gens.

DORINE.

Je ne compatis point à qui dit des ſornettes,
Et dans l'occaſion mollit comme vous faites.

MARIANE.

Mais que veux-tu? ſi j'ay de la timidité.

DORINE.

Mais l'amour dans un cœur veut de la fermeté.

MARIANE.

Mais n'en garde-je pas pour les feux de Valere?
Et n'eſt-ce pes à luy de m'obtenir d'un Pere ?

DORINE.

Mais quoy! ſi voſtre Pere eſt un Bourru fieffé,
Qui s'eſt de ſon Tartuffe entierement coiffé,

Et manque à l'union qu'il avoit arrestée,
La faute à vostre Amant doit-elle estre imputée?

MARIANE.

Mais par un haut refus, & d'éclatans mépris,
Feray-je, dans mon chois, voir un cœur trop épris?
Sortiray-je pour luy, quelque éclat dont il brille,
De la pudeur du Sexe, & du devoir de Fille?
Et veux-tu que mes feux par le monde étalez....

DORINE.

Non, non, je ne veux rien. Ie vois que vous voulez
Estre à Monsieur Tartuffe; & j'aurois, quand j'y pense,
Tort de vous détourner d'une telle alliance.
Quelle raison aurois-je à combatre vos vœux?
Le Party, de soy-mesme, est fort avantageux.
Monsieur Tartuffe! Oh, oh, n'est-ce rien qu'on propose?
Certes, Monsieur Tartuffe, à bien prendre la chose,
N'est pas un Homme, non, qui se mouche du pié,
Et ce n'est pas peu d'heur, que d'estre sa Moitié.
Tout le monde déja de gloire le couronne,
Il est Noble chez luy, bien fait de sa Personne,
Il a l'oreille rouge, & le teint bien fleury;
Vous vivrez trop contente avec un tel Mary.

MARIANE.

Mon Dieu....

DORINE.

Quelle allegresse aurez-vous dans vostre ame,
Quand d'un Epous si beau vous vous verrez la Femme!

MARIANE.

Ha, cesse, je te prie, un semblable discours,
Et contre cet hymen ouvre-moy du secours.
C'en est fait, je me rens, & suis preste à tout faire.

DORINE.

Non, il faut qu'une Fille obeïsse à son Pere,
Voulut-il luy donner un Singe pour Epous.
Vostre sort est fort beau, dequoy vous plaignez-vous?

Vous

Vous irez par le Coche en sa petite Ville,
Qu'en Oncles, & Cousins, vous trouverez fertile;
Et vous vous plairez fort à les entretenir!
D'abord chez le beau Monde on vous fera venir,
Vous irez visiter, pour vostre bien venuë,
Madame la Baillive, & *Madame* l'Eleuë
Qui d'un Siege-pliant vous feront honorer.
Là, dans le Carnaval, vous pourrez esperer
Le Bal, & la Grand'Bande, à sçavoir, deux *Mu*-settes,
Et, par-fois, Fagotin, & les *Ma*rionettes.
Si pourtant vostre Epous....

MARIANE.

Ah! tu me fais mourir.
De tes conseils, plûtost, songe à me secourir.

DORINE.

Ie suis vostre Servante.

MARIANE.

Eh, Dorine, de grace....

DORINE.

Il faut, pour vous punir, que cette affaire passe.

MARIANE.

Ma pauvre Fille!

DORINE.

Non.

MARIANE.

Si mes vœux declarez....

DORINE.

Point, Tartuffe est vostre Homme, & vous en tâterez.

MARIANE.

Tu sçais qu'à toy toûjours je me suis confiée.
Fay-moy....

DORINE.

Non; vous serez, ma foy, Tartuffiée.

MARIANE.

Hé bien, puis que mon sort ne sçauroit t'émouvoir,
Laisse-moy desormais toute à mon desespoir.

C'est de luy que mon cœur empruntera de l'aide;
Et je sçais, de mes maux, l'infaillible remede. *Elle veut s'en aller.*

DORINE.

Hé là, là, reuenez; je quitte mon courrous.
Il faut, nonobstant tout, auoir pitié de vous.

MARIANE.

Vois-tu, si l'on m'expose à ce cruel martyre,
Ie te le dis, Dorine, il faudra que j'expire.

DORINE.

Ne vous tourmentez point, on peut adroitement
Empescher... mais voicy Valere vostre Amant.

SCENE IV.

VALERE, MARIANE, DORINE.

VALERE

On vient de debiter, Madame, une nouuelle,
Que je ne sçauois pas, & qui sans doute est belle.

MARIANE.

Quoy?

VALERE

Que vous épousez Tartuffe.

MARIANE.

Il est certain
Que mon Pere s'est mis en teste ce dessein.

VALERE.

Vostre Pere, *Madame*...

MARIANE.

A changé de visée.
La chose vient par luy de m'estre proposée.

VALERE.

Quoy, serieusement?

MARIANE.

Ouy, serieusement;
Il s'est, pour cet hymen, declaré hautement.

VALERE

Et quel est le dessein où vostre ame s'arreste, Madame ?

MARIANE.

Ie ne sçay.

VALERE.

La réponse est honneste. Vous ne sçavez ?

MARIANE.

Non.

VALERE.

Non ?

MARIANE.

Que me conseillez-vous.

VALERE.

Ie vous conseille, moy, de prendre cet Epous.

MARIANE.

Vous me le conseillez ?

VALERE.

Oüy.

MARIANE.

Tout de bon ?

VALERE.

Sans doute.
Le chois est glorieux, & vaut bien qu'on l'écoute.

MARIANE.

Hé bien, c'est un conseil, Monsieur, que je reçoy.

VALERE.

Vous n'aurez pas grand peine à le suiure, je croy.

MARIANE.

Pas plus qu'à le donner en a souffert vostre ame.

VALERE.

Moy, je vous l'ay donné pour vous plaire, Madame.

MARIANE.

Et moy, je le suiuray, pour vous faire plaisir.

DORINE.

Voyons ce qui pourra de cecy reüssir.

VALERE.

C'est donc ainsi qu'on aime? & c'estoit tromperie,
Quand vous....

MARIANE.

Ne parlons point de cela, je vous prie.
Vous m'avez dit tout franc, que je dois accepter
Celuy que, pour Epous, on me veut presenter:
Et je declare, moy, que je prétens le faire,
Puis que vous m'en donnez le conseil salutaire.

VALERE.

Ne vous excusez point sur mes intentions.
Vous aviez pris déja vos résolutions;
Et vous vous saisissez d'un prétexte frivole,
Pour vous autoriser à manquer de parole.

MARIANE.

Il est vray, c'est bien dit.

VALERE.

Sans doute, & vostre cœur
N'a jamais eu pour moy de veritable ardeur.
Helas! permis à vous d'avoir cette pensée.

VALERE.

Oüy, ouy, permis à moy; mais mon ame offencée
Vous préviendra, peut-estre, en un pareil dessein;
Et je sçais où porter, & mes vœux, & ma main.

MARIANE.

Ah! je n'en doute point; & les ardeurs qu'excite
Le mérite....

VALERE.

Mon Dieu, laissons-là le mérite;
I'en ay fort peu, sans doute, & vous en faites foy:
Mais j'espere aux bontez qu'une autre aura pour
moy;
Et j'en sçay de qui l'ame, à ma retraite ouverte,
Consentira sans honte à reparer ma perte.

MARIANE.

La perte n'est pas grande, & de ce changement
Vous vous consolerez assez facilement.

VALERE.

I'y feray mon possible, & vous le pouvez croire.

Un cœur qui nous oublie, engage nostre gloire.
Il faut à l'oublier, mettre aussi tous nos soins.
Si l'on n'en vient à bout, on le doit feindre au moins ;
Et cette lâcheté jamais ne se pardonne,
De montrer de l'amour pour qui nous abandonne.

MARIANE.

Ce sentiment, sans doute, est noble, & relevé.

VALERE.

Fort bien, & d'un chacun il doit estre aprouvé.
Hé quoy ! vous voudriez qu'à jamais, dans mon ame,
Je gardasse pour vous les ardeurs de ma flame ?
Et vous visse, à mes yeux, passer en d'autres bras,
Sans mettre ailleurs un cœur dont vous ne voulez pas ?

MARIANE.

Au contraire, pour moy, c'est ce que je souhaite ;
Et je voudrois déja que la chose fut faite.

VALERE.

Vous le voudriez ?

MARIANE.

Oüy.

VALERE.

C'est assez m'insulter,
Madame, & de ce pas je vais vous contenter.

Il fait un pas pour s'en aller, & revient toûjours.

MARIANE.

Fort bien.

VALERE.

Souvenez-vous au moins, que c'est vous-mesme
Qui contraignez mon cœur à cet effort extréme.

MARIANE.

Oüy

VALERE.

Et que le dessein que mon ame conçoit,
N'est rien qu'à vostre exemple.

MARIANE.

A mon exemple, soit.

VALERE.

Suffit; vous allez estre à point-nommé servie.

MARIANE.

Tant-mieux.

VALERE.

Vous me voyez, c'est pour toute ma vie.

MARIANE.

A la bonne heure.

VALERE.

Euh? *Il s'en va & lors qu'il est vers la porte, il se retourne.*

MARIANE.

Quoy?

VALERE.

Ne m'apellez-vous pas?

MARIANE.

Moy! vous resvez.

VALERE.

Hé bien, je poursuis donc mes pas.
Adieu, *Madame.*

MARIANE.

Adieu, *Monsieur.*

DORINE.

Pour moy, je pense
Que vous perdez l'esprit, par cette extravagance;
Et je vous ay laissé tout du long quereller,
Pour voir où tout cela pourroit enfin aller.
Hola, Seigneur Valere.

Elle va l'arrester par le bras, & luy fait mine de grande resistance.

VALERE.

Hé, que veux-tu, Dorine?

DORINE.

Venez icy.

VALERE.

Non, non, le dépit me domine.

Ne

Ne me détourne point de ce qu'elle a voulu.

DORINE.

Arrestez.

VALERE.

Non, vois-tu, c'est un poinct résolu.

DORINE.

Ah.

MARIANE.

Il souffre à me voir, ma presence le chasse ;
Et je feray bien mieux, de luy quitter la place.

DORINE.

Elle quitte Valere, & court à Mariane.

A l'autre. Où courez-vous?

MARIANE.

Laisse.

DORINE.

Il faut revenir.

MARIANE.

Non, non, Dorine, en vain tu veux me retenir.

VALERE.

Je voy bien que ma veuë est pour elle un suplice ;
Et sans doute, il vaut mieux que je l'en affranchisse.

DORINE.

Elle quitte Mariane, & court à Valere.

Encor? Diantre soit fait de vous, si je le veux.
Cessez ce badinage, & venez-çà tous deux.

Elle les tire l'un & l'autre.

VALERE.

Mais quel est ton dessein?

MARIANE.

Qu'est-ce que tu veux faire?

DORINE.

Vous bien remettre ensemble, & vous tirer d'affaire.
Estes-vous fou, d'avoir un pareil démeslé?

VALERE.

N'as-tu pas entendu comme elle m'a parlé?

DORINE.

Estes-vous folle, vous, de vous estre emportée?

MARIANE.

N'as-tu pas veu la chose, & comme il m'a traittée?

DORINE.

Sottise des deux parts. Elle n'a d'autre soin,
Que de se conserver à vous, j'en suis témoin.
Il n'aime que vous seule, & n'a point d'autre envie
Que d'estre vostre Epous ; j'en répons sur ma vie.

MARIANE.

Pourquoy donc me donner un semblable conseil?

VALERE.

Pourquoy m'en demander sur un sujet pareil?

DORINE.

Vous estes fous tous deux. Çà, la main l'un, & l'autre.
Allons, vous.

VALERE.

En donnant sa main à Dorine.

A quoy bon ma main?

DORINE.

Ah! çà, la vostre.

MARIANE.

En donnant aussi sa main.

Dequoy sert tout cela?

DORINE.

Mon Dieu, viste, avancez.
Vous vous aimez tous deux plus que vous ne pensez.

VALERE.

Mais ne faites donc point les choses avec peine,
Et regardez un peu les Gens sans nulle haine.

Mariane tourne l'œil sur Valere, & fait un petit souris.

DORINE.

A vous dire le vray, les Amans sont bien fous!

VALERE.

Ho-çà, n'ay-je pas lieu de me plaindre de vous!
Et pour n'en point mentir, n'estes-vous pas méchante,

De

De vous plaire à me dire une chose affligeante ?

MARIANE.

Mais vous, n'estes-vous pas l'Homme le plus ingrat....

DORINE.

Pour une autre saison, laissons tout ce debat,
Et songeons à parer ce fâcheux Mariage.

MARIANE.

Dy-nous donc quels ressorts il faut mettre en usage.

DORINE.

Nous en ferons agir de toutes les façons.
Vostre Pere se mocque, & ce sont des chansons.
Mais, pour vous, il vaut mieux qu'à son extravagance,
D'un doux consentement vous prestiez l'aparence,
Afin qu'en cas d'alarme, il vous soit plus aisé
De tirer en longueur cet hymen proposé.
En attrapant du temps, à tout on remedie.
Tantost vous payerez de quelque maladie,
Qui viendra tout à coup, & voudra des delais.
Tantost vous payerez de présages mauvais ;
Vous aurez fait d'un Mort la rencontre facheuse,
Cassé quelque Miroir, ou songé d'eau bourbeuse.
Enfin le bon de tout, c'est qu'à d'autres qu'à luy,
On ne vous peut lier, que vous ne disiez oüy.
Mais pour mieux reüssir, il est bon, ce me semble,
Qu'on ne vous trouve point tous deux parlant ensemble.
à Valere. Sortez, & sans tarder, employez vos Amis
Pour vous faire tenir ce qu'on vous a promis.
Nous allons réveiller les efforts de son Frere,
Et dans nostre Party jetter la Belle-Mere.
Adieu.

VALERE *à Mariane.*

Quelques efforts que nous preparions tous,
Ma plus grande esperance, à vray dire, est en vous.

MARIANE *à Valere.*

Je ne vous répons pas des volontez d'un Pere ;

Mais

Mais je ne feray point à d'autre qu'à Valere.

VALERE.

Que vous me comblez d'aise ! & quoy que puisse oser....

DORINE.

Ah! jamais les Amans ne sont las de jaser.
Sortez, vous dy-je.

Il fait un pas, & revient.

VALERE.

Enfin....

DORINE.

Quel caquet est le vostre !
Tirez de cette part ; & vous, tirez de l'autre.

Les poussant chacun par l'épaule.

Fin du Second Acte.

ACTE III.

SCENE PREMIERE.

DAMIS, DORINE.

DAMIS.

Qu'E la Foudre, sur l'heure, acheue mes destins;
Qu'on me traitte par tout, du plus grand des Faquins,
S'il est aucun respect, ny pouuoir. qui m'arreste,
Et si je ne fais pas quelque coup de ma teste.

DORINE.

De grace, moderez un tel emportement,
Vostre Pere n'a fait qu'en parler simplement:
On n'execute pas tout ce qui se propose;
Et le chemin est long, du projet à la chose.

DAMIS.

Il faut que de ce Fat j'arreste les complots,
Et qu'à l'oreille, un peu, je luy dise deux mots.

DORINE.

Ha, tout doux; enuers luy, comme envers vostre Pere,
Laissez agir les soins de vostre Belle-Mere.
Sur l'esprit de Tartuffe, elle a quelque credit;
Il se rend complaisant à tout ce qu'elle dit,
Et pourroit bien auoir douceur de cœur pour elle.
Plût à Dieu qu'il fut vray! la chose seroit belle.
Enfin vostre interest l'oblige à le mander;
Sur l'hymen qui vous trouble, elle veut le sonder,
Sçauoir ses sentimens, & luy faire connaistre
Quels fâcheux démeslez il pourra faire naistre;
S'il faut qu'à ce dessein il preste quelque espoir.
Son Valet dit qu'il prie, & je n ay pû le voir:
Mais ce Valet m'a dit qu'il s'en alloit descendre.

Sor-

Sortez donc, je vous prie, & me laissez l'attendre.

DAMIS.

Je puis estre present à tout cet entretien!

DORINE.

Point, il faut qu'ils sojent seuls.

DAMIS.

Je ne luy diray rien.

DORINE.

Vous vous mocquez ; on sçait vos transports ordinaires,
Et c'est le vray moyen de gaster les affaires.
Sortez.

DAMIS.

Non, je veux voir, sans me mettre en courrous.

DORINE.

Que vous estes fâcheux! Il vient, retirez-vous.

SCENE II.

TARTUFFE, LAURENT, DORINE.

TARTUFFE *appercevant Dorine.*

LAurent, serrez ma Haire, avec ma Discipline,
Et priez que toûjours le Ciel vous illumine.
Si l'on vient pour me voir, je vais aux Prisonniers,
Des aumosnes que j'ay, partager les deniers.

DORINE.

Que d'affectation, & de forsanterie!

TARTUFFE.

Que voulez-vous?

DORINE.

Vous dire....

TARTUFFE.

Il tire un mouchoir de sa poche.

Ah! mon Dieu, je vous prie,
Avant que de parler, prenez-moy ce mouchoir.

DO-

DORINE.

Comment ?

TARTUFFE.

Couvrez ce Sein, que je ne sçaurois voir.
Par de pareils objets les ames sont blessées,
Et cela fait venir de coupables pensées.

DORINE.

Vous estes donc bien tendre à la tentation ;
Et la Chair, sur vos sens, fait grande impression ?
Certes, je ne sçay pas quelle chaleur vous monte :
Mais à convoiter, moy, je ne suis point si promte ;
Et je vous verrois nû du haut jusques en bas,
Que toute vostre peau ne me tenteroit pas.

TARTUFFE.

Mettez dans vos discours un peu de modestie,
Ou je vais, sur le champ, vous quitter la partie.

DORINE.

Non, non, c'est moy qui vais vous laisser en repos,
Et je n'ay seulement qu'à vous dire deux mots.
Madame va venir dans cette Salle basse,
Et d'un mot d'entretien vous demande la grace.

TARTUFFE.

Helas! tres volontiers.

DORINE *en soy-mesme.*

Comme il se radoucit !
Ma foy, je suis toûjours pour ce que j'en ay dit.

TARTUFF.

Viendra-t-elle bientost ?

DORINE.

Je l'entens, ce me semble.
Oüy, c'est elle en personne, & je vous laisse ensemble.

SCENE III.

ELMIRE, TARTUFFE.

TARTUFFE.

Que le Ciel à jamais, par sa toute bonté,
Et de l'ame, & du corps, vous donne la santé;
Et benisse vos jours autant que le desire
Le plus humble de ceux que son amour inspire.

ELMIRE.

Ie suis fort obligée à ce souhait pieux :
Mais prenons une Chaise, afin d'estre un peu mieux.

TARTUFF.

Comment, de vostre mal, vous sentez-vous remise?

ELMIRE.

Fort bien; & cette fievre a bientost quitté prise.

TARTUFFE.

Mes prieres n'ont pas le merite qu'il faut
Pour auoir attiré cette grace d'Enhaut:
Mais je n'ay fait au Ciel nulle deuote instance
Qui n'ait eu pour objet vostre convalescence.

ELMIRE.

Vostre zele pour moy s'est trop inquiété.

TARTUFFE.

On ne peut trop cherir vostre chere santé;
Et pour la rétablir, j'aurois donné la mienne.

ELMIRE.

C'est pousser bien auant la charité Chrestienne;
Et je vous dois beaucoup, pour toutes ces bontez.

TARTUFFE.

Ie fais bien moins pour vous, que vous ne meritez.

ELMIRE.

I'ay voulu vous parler en secret, d'une affaire,
Et suis bien aise, icy, qu'aucun ne nous éclaire.

TARTUFFE.

I'en suis rauy de mesme; & sans doute il m'est dous,
Madame, de me voir, seul à seul, auec vous.

C'est

C'eſt une occaſion qu'au Ciel j'ay demandée,
Sans que, juſqu'à cette heure, il me l'ait accordée.

ELMIRE.

Pour moy, ce que je veux, c'eſt un mot d'entretien,
Où tout voſtre cœur s'ouure, & ne me cache rien.

TARTUFFE.

Et je ne veux auſſi, pour grace ſinguliere,
Que montrer à vos yeux mon ame toute entiere;
Et vous faire ſerment, que les bruits que j'ay faits,
Des viſites qu'icy reçoiuent vos attraits,
Ne ſont pas, enuers vous, l'effet d'aucune haîne;
Mais plutoſt d'un tranſport de zele qui m'entraine,
Et d'un pur mouvement...

ELMIRE.

Ie le prens bien auſſy,
Et croy que mon ſalut vous donne ce ſoucy.

TARTUFFE.

Il luy ſerre les bouts des doigts.

Ouy, Madame, ſans doute; & ma ferveur eſt telle..

ELMIRE.

Ouf, vous me ſerrez trop.

TARTUFFE.

C'eſt par excé de zele.
De vous faire autre mal, je n'eus jamais deſſein,
Et j'aurois bien plutoſt...

Il luy met la main ſur le genoü.

ELMRIE.

Que fait là voſtre main?

TARTUFFE.

Ie taſte voſtre habit, l'étoffe en eſt moüelleuſe.

ELMIRE.

Ah! de grace, laiſſez, je ſuis fort chatoüilleuſe.

Elle recule ſa Chaiſe, & Tartuffe raproche la ſienne.

TARTUFFE.

Mon Dieu, que de ce point l'ouurage eſt merueilleus!
On trauaille aujourd'huy, d'un tair miraculeux;
Iamais, en toute choſe, on n'a veu ſi bien faire.

ELMIRE.

Il eſt vray. Mais parlons un peu de noſtre affaire.
On tient que mon Mary veut dégager ſa foy,
Et vous donner ſa Fille ; Eſt-il vray, dites-moy?

TARTUFFE.

Il m'en a dit deux mots mais, Madame, à vray dire,
Ce n'eſt pas le bonheur apres quoy je ſoûpire ;
Et je vois autre-part les merueilleux attraits
De la felicité qui fait tous mes ſouhaits.

ELMIRE.

C'eſt que vous n'aimez rien des choſes de la Terre.

TARTUFFE.

Mon ſein n'enferme pas un cœur qui ſoit de pierre.

ELMIRE.

Pour moy, je croy qu'au Ciel tendent tous vos ſoûpirs,
Et que rien, icy-bas, n'arreſte vos deſirs.

TARTUFFE.

L'amour qui nous attache aux Beautés éternelles,
N'étouffe pas en nous l'amour des temporelles.
Nos ſens facilement peuuent eſtre charmez
Des ouurages parfaits que le Ciel a formez.
Ses attraits refléchis brillent dans vos pareilles :
Mais il étale en vous ſes plus rares merveilles.
Il a ſur voſtre face épanché des beautez,
Dont les yeux ſont ſurpris, & les cœurs tranſportez ;
Et je n'ay pû vous voir, parfaite Creature,
Sans admirer en vous l'Autheur de la Nature,
Et d'une ardente amour ſentir mon cœur atteint,
Au plus beau des Portraits où luy-meſme il s'eſt peint.
D'abord j'apprehenday que cette ardeur ſecrette
Ne fuſt du noir Eſprit une ſurpriſe adroite ;
Et meſme à fuir vos yeux, mon cœur ſe réſolut,
Vous croyant un obſtacle à faire mon ſalut.
Mais enfin je connus, ô Beauté toute aimable,
Que cette paſſion peut n'eſtre point coupable;

Que

Que je puis l'ajuster auecque la pudeur,
Et c'est ce qui m'y fait abandonner mon cœur.
Ce m'est, je le confesse, une audace bien grande,
Que d'oser, de ce cœur, vous adresser l'offrande;
Mais j'attens, en mes vœux, tout de vostre bonté,
Et rien des vains efforts de mon infirmité.
En vous est mon espoir, mon bien, ma quiétude:
De vous dépend ma peine, ou ma beatitude;
Et je vais estre enfin, par vostre seul Arrest,
Heureux, si vous voulez; malheureux, s'il vous plaist.

ELMIRE.

La declaration est tout-à-fait galante;
Mais elle est, à vray dire, un peu bien surprenante.
Vous deuiez, ce me semble, armer mieux vostre sein,
Et raisonner un peu sur un pareil dessein.
Un deuot comme vous, & que par tout on nomme...

TARTUFFE.

Ah! pour estre Deuot, je n'en suis pas moins Homme.
Et lors qu'on vient à voir vos celestes appas,
Un cœur se laisse prendre, & ne raisonne pas.
Je sçay qu'un tel discours de moy paroist étrange;
Mais, Madame, apres tout, je ne suis pas un Ange;
Et si vous condamnés l'aueu que je vous fais,
Vous deuez vous en prendre à vos charmans attraits.
Dés que j'en vis briller la splendeur plus qu'humaine,
De mon intérieur vous fûtes souueraine.
De vos regards diuins, l'ineffable douceur,
Força la resistance où s'obstinoit mon cœur;
Elle surmonta tout, jeusnes, prieres, larmes,
Et tourna tous mes vœux du costé de vos charmes.
Mes yeux, & mes soûpirs, vous l'ont dit mille fois;
Et pour mieux m'expliquer, j'employe icy la voix.
Que si vous contemplez, d'une ame un peu benigne,

Les tribulations de vostre Esclave indigne ;
S'il faut que vos bontez veüillent me consoler,
Et jusqu'à mon neant daignent se ravaler,
J'auray toûjours pour vous, ô suave merueille,
Une dévotion à nulle autre pareille.
Vostre honneur, avec moy, ne court point de hazard ;
Et n'a nulle disgrace à craindre de ma part.
Tous ces Galans de Cour, dont les femmes sont foles,
Sont bruyans dans leurs faits, & vains dans leurs paroles.
De leurs progrés sans cesse on les voit se targuer ;
Ils n'ont point de faveurs, qu'ils n'aillent divulguer ;
Et leur langue indiscrette, en qui l'on se confie,
Des-honore l'Autel où leur cœur sacrifië :
Mais les Gens comme nous, brûlent d'un feu discret
Avec qui pour toûjours on est seur du secret.
Le soin que nous prenons de nostre renommée,
Répond de toute chose à la Personne aimée ;
Et c'est en nous qu'on trouve, acceptant nostre cœur.
De l'amour sans scandale, & du plaisir sans peur.

ELMIRE.

Je vous écoute dire, & vostre Réthorique,
En termes assez forts, à mon ame s'explique.
N'apprehendez vous point, que je ne sois d'humeur
A dire à mon Mary cette galante ardeur ?
Et que le prompt avis d'un amour de la sorte,
Ne pust bien alterer l'amitié qu'il vous porte ?

TARTUFFE.

Je sçay que vous avez trop de benignité.
Et que vous férez grace à ma temerité ;
Que vous m'excuserez sur l'humaine foiblesse
Des violens transports d'un amour qui vous blesse ;
Et considererez, en regardant vostre air,
Que l'on n'est pes aveugle, & qu'un Homme est de chair.

ELMIRE.

D'autres prendroient cela d'autre façon, peut-estre;
Mais ma discretion se veut faire parestre.
Je ne rediray point l'affaire à mon Epous;
Mais je veux en reuanche vne chose de vous.
C'est de presser tout franc, & sans nulle chicane,
L'vnion de Valere auecque Mariane;
De renoncer vous-mesme à l'injuste pouuoir
Qui veut du bien d'vn autre enrichir vostre espoir;
Et....

SCENE IV.

DAMIS, ELMIRE, TARTUFFE.

DAMIS *sortant du petit Cabinet, où il s'estoit retiré.*

Non, Madame, non, cecy doit se répandre.
J'estois en cet endroit, d'où j'ay pû tout entendre;
Et la bonté du Ciel m'y semble auoir conduit,
Pour confondre l'orgueil d'vn Traistre qui me nuit;
Pour m'ouurir vne voye à prendre la vangeance
De son hypocrisie, & de son insolence;
A détromper mon Pere, & luy mettre en plein jour,
L'ame d'vn Scelerat qui vous parle d'amour.

ELMIRE.

Non, Damis, il suffit qu'il se rende plus sage,
Et tâche à meriter la grace où je m'engage.
Puis que je l'ay promis, ne m'en dédites pas.
Ce n'est point mon humeur de faire des éclats;
Vne Femme se rit de sottises pareilles,
Et jamais d'vn Mary n'en trouble les oreilles.
Vous auez vos raisons pour en user ainsy;
Et pour faire autrement, j'ay les miennes aussy.
Le vouloir épargner, est une raillerie,
Et l'insolent orgueil de sa Cagotterie,

N'a triomphé que trop de mon juste courrous,
Et que trop excité de desordre chez nous.
Le Fourbe, trop long-temps, a gouverné mon Pere,
Et desseruy mes feux avec ceux de Valere.
Il faut que du Perfide il soit desabusé,
Et le Ciel, pour cela, m'offre un moyen aisé.
De cette occasion, je luy suis redevable,
Et pour la negliger, elle est trop favorable.
Ce seroit mériter qu'il me la vinst ravir,
Que de l'avoir en main, & ne m'en pas servir.

ELMIRE.

Damis....

DAMIS.

Non, s'il vous plaist, il faut que je me croye.
Mon ame est maintenant au comble de sa joye;
Et vos discours en vain prétendent m'obliger
A quitter le plaisir de me pouvoir vanger.
Sans aller plus avant, je vais vuider d'affaire;
Et voicy justement dequoy me satisfaire.

SCENE V.

ORGON, DAMIS, TARTUFFE, ELMIRE.

DAMIS.

Nous allons régaler, mon Pere, vostre abord,
D'un incident tout frais, qui vous surprendra fort.
Vous estes bien payé de toutes vos caresses;
Et *M*onsieur, d'un beau prix, recõnoist vos tendresses.
Son grand zele, pour vous, vient de se declarer.
Il ne va pas à moins qu'à vous des-honorer,
Et je l'ay surpris, là, qui faisoit à Madame
L'injurieux aveu d'une coupable flame.
Elle est d'une humeur douce, & son cœur trop discret
Vouloit, à toute force, en garder le secret:
*M*ais je ne puis flatter une telle impudence,
Et crois que vous la taire, est vous faire une offēce.

El-

ELMIRE.

Ouy, je tiens que jamais, de tous ces vains propos,
On ne doit d'un *Mary* travérser le repos; (dre,
Que ce n'est point de là que l'honneur peut dépen-
Et qu'il suffit, pour nous, de sçavoir nous defendre.
Ce sont mes sentimens; & vous n'auriez rien dit,
Damis, si j'avois eu sur vous quelque crédit.

SCENE VI.

ORGON, DAMIS, TARTUFFE.

ORGON.

Ce que je viens d'entendre, ô Ciél! est-il cro-

TARTUFFE. (yable?

Ouy, mon Frere, jé suis un méchant, un coupable,
Un malheureux Pecheur, tout plein d'iniquité,
Le plus grand scelerat qui jamais ait esté.
Chaque instant de ma vie est chargé de soüillures,
Elle n'est qu'un amas de crimes & d'ordures;
Et je voy que le Ciel, pour ma punition,
Me veut mortifier en cette occasion.
De quelque grand forfait qu'on me puisse reprẽdre
Je n'ay garde d'avoir l'orgueil de m'en defendre.
Croyez ce qu'on vous dit, armez vostre courrous,
Et comme un Criminel, chassez-moy de chez vous.
Je ne sçaurois avoir tant de honte en partage,
Que je n'en aye encor mérité davantage.

ORGON *à son Fils.*

Ah! traistre, oses-tu bien, par cette fausseté,
Vouloir de sa vertu ternir la pureté?

DAMIS.

Quoy! la feinte douceur de cette ame hypocrite
Vous fera démentir....

ORGON.

Tay-toy, peste maudite.

TARTUFFE.

Ah! laissez-le parler, vous l'accusez à tort,

Et vous ferez bien mieux de croire à son raport.
Pourquoy, sur un tel fait, m'estre si favorable?
Sçavez-vous, apres tout, dequoy je suis capable?
Vous fiez-vous, mon Frere, à mon exterieur?
Et pour tout ce qu'ō voit, me croyez-vous meilleur
Non, non, vous vous laissez tromper à l'aparence,
Et je ne suis rien moins, helas! que ce qu'on pense.
Tout le monde me prend pour un Homme de bien;
Mais la verité pure, est, que je ne vaux rien.

S'adressant à Damis.

Ouy, mon cher Fils, parlez, traittez-moy de perfide,
D'infame, de perdu, de voleur, d'homicide.
Accablez-moy de noms encor plus detestez.
Ie n'y contredis point, je les ay meritez,
Et j'en veux à genous souffrir l'ignominie,
Comme une honte deuë aux crimes de ma vie.

à Tartuffe. ORGON.

Mon Frere, c'en est trop. Ton cœur ne se rend point,
Traistre. *à son Fils.*

DAMIS.

Quoy! ses discours vous seduiront au poinct....

ORGON.

Tay-toy, pendart. Mō Frere, eh! levez-vous, de grace
Infame *à Tartuffe.*

à son Fils. DAMIS.

Il peut....

ORGON.

Tay-toy.

DAMIS.

I'enragę! Quoy, je passe....

ORGON.

Si tu dis un seul mot, je te rompray les bras.

TARTUFFE.

Mon Frere, au nom de Dieu, ne vous emportez pas.
I'aimerois mieux souffrir la peine la plus dure,
Qu'il eut reçeu pour moy la moindre égratignûre.

ORGON.

Ingrat,

TARTUFFE. *à son Fils.*

Laissez-le en paix. S'il faut à deux genoux
Vous demander sa grace....

ORGON. *à Tartuffe.*

Helas! vous mocquez-vous?
Coquin, voy sa bonté. *à son Fils.*

DAMIS.

Donc...

ORGON.

Paix.

DAMIS.

Quoy, je...

ORGON.

Pais, dis-je.
Ie sçay bien quel motif, à l'attaquer, t'oblige.
Vous le haïssez tous, & je vois aujourd'huy,
Femme, Enfans, & valets, déchaînez contre luy.
On met impudemment toute chose en usage,
Pour oster de chez moy ce devot Personnage;
Mais plus on fait d'effort afin de l'en bannir,
Plus j'en veux employer à l'y mieux retenir;
Et je vais me haster de luy donner ma Fille,
Pour confondre l'orgueil de toute ma Famille.

DAMIS.

A recevoir sa main, on pense l'obliger?

ORGON.

Oüy, traistre; & dés ce soir, pour vous faire enrager,
Ah! je vous brave tous, & vous feray connoistre,
Qu'il faut qu'on m'obeïsse, & que je suis le Maistre.
Allons, qu'on se retracte, & qu'à l'instant, fripon,
On se jette à ses pieds, pour demander pardon.

DAMIS.

Qui, moy? de ce coquin, qui par ses impostures....

ORGON.

Ah! tu resiste, gueux, & luy dis des injures?
Un baston, un baston. *à Tartuffe.* Ne me retenez pas.
à son Fils. Sus, que de ma Maison on sorte de ce pas,
Et que d'y revenir, on n'ait jamais l'audace.

DAMIS.

Oûy, je sortiray, mais...

ORGON.

Viste, quittons la place.
Ie te priue, pendart, de ma succession,
Et te donne, de plus, ma malédiction.

SCENE VII.

ORGON, TARTUFFE.

ORGON.

Offencer de la sorte une sainte Personne!

TARTUFFE.

O Ciel! pardonne-luy la douleur qu'il me donne.
à Orgon. Si vous pouuiez sçavoir avec quel déplaisir
Ie vois qu'envers mon Frere, on tâche à me noir-(cir...

ORGON.

Helas!

TARTUFFE.

Le seul penser de cette ingratitude
Fait souffrir à mon ame un suplice si rude...
L'horreur que j'en conçoy... I'ay le cœur si serré,
Que je ne puis parler, & croy que j'en mourray.

ORGON.

Il court tout en larmes a la Porte par où il a chassé son Fils.

Coquin. Ie me repens que ma main t'ait fait grace,
Et ne t'ait pas d'abord assommé sur la place.
Remettez-vous, mon Frere, & ne vous fâchez pas.

TARTUFFE.

Rompons, rompons le cours de ces facheux de-(bats.
Ie regarde ceans quels grans troubles j'aporte,
Et croy qu'il est besoin, mon Frere, que j'en sorte.

ORGON.

Comment? Vous mocquez-vous?

TARTUFFE.

On m'y hait, & je voy

Qu'on

Qu'on cherche à vous donner des soupçons de ma (foy.

ORGON.

Qu'importe; Voyez-vous que mon cœur les écou- (te?

TARTVFFE.

On ne manquera pas de poursuivre, sans doute;
Et ces mesmes raports, qu'icy vous rejettez,
Peut-estre, une autre fois, seront-ils écoutez.

ORGON.

Non, mon Frere, jamais.

TARTVFFE.

Ah! mon Frere, une Femme
Aisément, d'un *Mary*, peut bien surprendre l'ame.

ORGON.

Non, non.

TARTVFFE.

Laissez-moy viste, en m'éloignant d'icy,
Leur oster tout suiet de m'attaquer ainsy.

ORGON.

Non, vous demeurerez, il y va de ma vie.

TARTUFFE.

Hé bien, il faudra donc que je me mortifie.
Pourtant, si vous vouliez...

ORGON.

Ah!

TARTVFFE.

Soit, n'en parlons plus.
Mais je sçay comme il faut en user là-dessus.
L'honneur est délicat, & l'amitié m'engage
A préuenir les bruits, & les sujets d'ombrage.
Ie fuiray vostre Epouse, & vous ne me verrez...

ORGON.

Non, en dépit de tous, vous la frequenterez.
Faire enrager le monde, est ma plus grande joye,
Et je veux qu'à toute heure auec elle on vous voye.
Ce n'est pas tout encor; pour les mieux brauer tous
Ie ne veux point auoir d'autre heritier que vous;
Et je vais de ce pas, en fort bonne maniere,
Vous faire de mon bien, donation entiere.
Vn bon & franc Amy, que pour Gendre je prens,

M'est bien plus cher que Fils, que Femme, & que Parens,
N'accepterez-vous pas ce que je vous propose?

TARTUFFE.

La volonté du Ciel soit faite en toute chose.

ORGON.

Le pauure Hôme! Allons viste en dresser vn Ecrit,
Et que puisse l'Enuie en crever de dépit.

Fin du Troisiéme Acte.

ACTE IV.

SCENE PREMIERE.

CLEANTE, TARTUFFE.

CLEANTE.

Uy, tout le monde en parle, & vous m'en pouuez croire.
L'éclat que fait ce bruit, n'est point a vostre gloire;
Et je vous ay trouué, Mõsieur, fort à propos,
Pour vous en dire net ma pensée en deux mots.
Je n'examine point à fond ce qu'on expose,
Je passe là-dessus, & prens au pis la chose.
Suposons que Damis n'en ait pas bien usé,
Et que ce soit à tort qu'on vous ait accusé:
N'est-il pas d'vnChrestien, de pardonner l'offence,
Et d'éteindre en son cœur tout desir de vangeance?
Et deuez-vous souffrir, pour vostre démeslé,
Que du Logis d'un Pere, vn Fils soit exilé?
Je vous le dis encor, & parle auec franchise;
Il n'est petit, ny grand, qui ne s'en scandalise,
Et si vous m'en croyez, vous pacifierez tout,
Et ne pousserez point les affaires à bout.
Sacrifiez à Dieu toute vostre colere,
Et remettez le Fils en grace auec le Pere.

TAR-

TARTUFFE.

Helas! je le voudrois, quant à moy, de bon cœur;
Je ne garde pour luy, Monsieur, aucune aigreur,
Je luy pardonne tout, de rien je ne le blâme,
Et voudrois le seruir du meilleur de mon ame:
Mais l'interest du Ciel n'y sçauroit consentir;
Et s'il rentre ceans, c'est à moy d'en sortir.
Apres son action qui n'eut jamais d'égale,
Le commerce, entre nous, porteroit du scandale:
Dieu sçait ce que d'abord tout le mõde en croiroit;
A pure politique, on me l'imputeroit;
Et l'on diroit par tout, que me sentant coupable,
Je feins, pour qui m'accuse, vn zele charitable;
Que mon cœur l'aprehende, & veut le ménager,
Pour le pouuoir, sous-main, au silence engager.

CLEANTE. Vous nous payez icy d'excuses colorées,
Et toutes vos raisons, Monsieur, sont trop tirées
Des interests du Ciel. pourquoy vous chargez-vous
Pour punir le coupable, a-t-il besoin de nous?
Laissez-luy, laissez-luy le soin de ses vangeances,
Ne songez qu'au pardon qu'il prescrit des offences;
Et ne regardez point aux jugemens humains,
Quand vous suiuez du Ciel les ordres souuerains.
Quoy! le foible interest de ce qu'on pourra croire,
D'vne bonne action, empeschera la gloire?
Non, non, faisons toûjours ce que le Ciel prescrit,
Et d'aucun autre soin ne nous broüillons l'esprit.

TARTUFFE.

Je vous ay déja dit que mon cœur luy pardonne,
Et c'est faire, Monsieur, ce que le Ciel ordonne:
Mais apres le scandale, & l'affront d'aujourd'huy,
Le Ciel n'ordonne pas que je viue auec luy.

CLEANTE.

Et vous ordonne-t-il, Monsieur, d'ouurir l'oreille
A ce qu'vn pur caprice à son Pere conseille?
Et d'accepter le don qui vous est fait d'vn bien
Où le droict vous oblige à ne pretendre rien.

TARTUFFE.

Ceux qui me connoistront, n'auront pas la pensée

Que ce soit un effet d'une ame interessée.
Tous les biens de ce monde ont pour moy peu d'a-(pas,
De leur éclat trompeur je ne m'éblouis pas ;
Et si je me résous à recevoir du Pere
Cette donation qu'il a, voulu me faire,
Ce n'est à dire vray, que parce que je crains
Que tout ce bien ne tombe en de méchantes mains ;
Qu'il ne trouve des Gens, qui l'ayant en partage,
En fassent, dans le *M*onde, un criminel usage ;
Et ne s'en servent pas, ainsi que j'ay dessein,
Pour la gloire du Ciel, & le bien du Prochain.

CLEANTE.

Eh, *M*onsieur, n'ayez point ces délicates craintes,
Qui d'un juste heritier peuvent causer les plaintes.
Souffrez, sans vous vouloir embarasser de rien,
Qu'il soit, à ses périls, possesseur de son bien ;
Et songez qu'il vaut mieux encor qu'il en mesuse,
Que si de l'en frustrer, il faut qu'on vous accuse.
J'admire seulement que, sans confusion,
vous en ayez souffert la proposition :
Car enfin, le vray zele a-t-il quelque maxime
Qui montre à dépouiller l'heritier legitime ?
Et s'il faut que le Ciel dans vostre cœur ait mis
Un invincible obstacle à vivre avec Damis.
Ne vaudroit-il pas mieux, qu'en Personne discrette,
Vous fissiez de ceans une honneste retraite,
Que de souffrir ainsi, contre toute raison.
Qu'on en chasse, pour vous, le Fils de la *M*aison ?
Croyez-moy, c'est donner de vostre prud'hommie,
*M*onsieur....

TARTUFFE.

Il est, *M*onsieur, trois heures & demie ;
Certain devoir pieux me demande là-haut,
Et vous m'excuserez, de vous quitter si-tost.

CLEANTE.

Ah !

SCE-

SCENE II.

ELMIRE, MARIANE, DORINE, CLEANTE.

DORINE.

De grace, avec nous, employez-vous pour elle.
Monſieur, ſon ame ſouffre une douleur mortelle;
Et l'accord que ſon Pere a conclu pour ce ſoir,
La fait, à tous momens, entrer en deſeſpoir.
Il va venir; joignons nos efforts, je vous prie,
Et tâchons d'ébranler de force, ou d'induſtrie,
Ce malheureux deſſein qui nous a tous troublez.

SCENE *III.*

ORGON, ELMIRE, MARIANE, CLEANTE, DORINE.

ORGON.

Ha, je me réjouis de vous voir aſſemblez.
à Mariane.
Je porte, en ce Contract, dequoy vous faire rire,
Et vous ſçavez déja ce que cela veut dire.

MARIANE *à genons.*

Mon Pere, au nom du Ciel, qui cõnoiſt ma douleur,
Et par tout ce qui peut émouvoir voſtre cœur,
Relâchez-vous un peu des droicts de la naiſſance,
Et diſpenſez mes vœux de cette obeïſſance.
Ne me reduiſez point, par cette dure Loy,
Juſqu'a me plaindre au Ciel de ce que je vous doy:
Et cette vie, helas! que vous m'avez donnée,
Ne me la rendez pas, mon Pere, infortunée.
Si contre un dous eſpoir que j'avois pû former,
Vous me defendez d'eſtre à ce que j'oſe aimer;
Au moins, par vos bontez, qu'à vos genous j'implore,
Sauvez-moy du tourment d'eſtre à ce que j'abhore;

Et ne me portez point à quelque desespoir,
En vous servant, sur moy, de tout vostre pouvoir.

ORGON *se sentant attendrir.*

Allons, ferme, mon cœur, point de foiblesse hu-(maine.

MARIANE.

Vos tendresses pour luy, ne me font point de peine,
Faites-les éclater, donnez-luy vostre bien;
Et si ce n'est assez, joignez-y tout le mien,
J'y consens de bon cœur, & je vous l'abandonne:
Mais au moins n'allez pas jusques à ma personne,
Et souffrez qu'un Convent, dans les austeritez,
Use les tristes jours que le Ciel m'a contez.

ORGON.

Ah! voila justement de mes Religieuses,
Lors qu'un Pere combat leurs flames amoureuses.
Debout. Plus vostre cœur répugne à l'accepter,
Plus ce sera pour vous, matiere à mériter.
Mortifiéz vos sens avec ce Mariage,
Et ne me rompez pas la teste davantage.

DORINE.

Mais quoy....

ORGON.

Taisez-vous, vous. Parlez à vostre écot,
Je vous défens, tout net, d'oser dire un seul mot.

CLEANTE.

Si par quelque conseil, vous souffrez qu'on répon-(de....

ORGON.

Mon Frere, vos conseils sont les meilleurs du mon-(de,
Ils sont bien raisonnez, & j'en fais un grand cas;
Mais vous trouverez bon que je n'en use pas.

ELMIRE *à son Mary.*

A voir ce que je voy, je ne sçay plus que dire,
Et vostre aveuglement fait que je vous admire.
C'est estre bien coiffé, bien prévenu de luy,
Que de nous démentir sur le fait d'aujourd'huy.

ORGON.

Je suis vostre Valet, & crois les apparences.
Pour mon fripon de Fils, je sçay vos complaisances,
Et vous avez eu peur de le desavoüer

Du

Du trait qu'à ce pauvre Homme il a voulu joüer.
Vous estiez trop tranquile enfin, pour estre creuë,
Et vous auriez paru d'autre maniere émeuë.

ELMIRE.

Est-ce qu'au simple aveu d'un amoureux transport,
Il faut que nostre honneur se gendarme si fort?
Et ne peut-on répondre à tout ce qui le touche,
Que le feu dans les yeux, & l'injure à la bouche?
Pour moy, de tels propos, je me ris simplement,
Et l'éclat, là-dessus, ne me plaist nullement.
J'aime qu'avec douceur nous nous montrions sages,
Et ne suis point, du tout, pour ces Prudes sauvages,
Dont l'honneur est armé de griffes, & de dents,
Et veut, au moindre mot, dévisager les Gens.
Me preserve le Ciel d'une telle sagesse!
Je veux une Vertu qui ne soit point diablesse,
Et croy que d'un refus, la discrete froideur,
N'en est pas moins puissante à rebuter un cœur.

ORGON.

Enfin je sçay l'affaire, & ne prens point le change.

ELMIRE.

J'admire, encor un coup, cette foiblesse étrange.
Mais que me répondroit vostre incredulité,
Si je vous faisois voir qu'on vous dit verité?

ORGON.

Voir?

ELMIRE.

Oüy.

ORGON.

Chansons.

ELMIRE.

Mais quoy! si je trouvois maniere
De vous le faire voir avec pleine lumiere?

ORGON.

Contes en l'air.

ELMIRE.

Quel Homme! Au moins répondez-moy.
Je ne vous parle pas de nous adjoûter foy:
Mais suposons icy, que d'un lieu qu'on peut prendre,

On vous fist clairement tout voir, & tout entendre
Que diriez-vous alors de vostre Homme de bien?

ORGON.

En ce cas, je dirois que.... Je ne dirois rien,
Car cela ne se peut.

ELMIRE.

L'erreur trop long temps dure,
Et c'est trop condamner ma bouche d'imposture.
Il faut que par plaisir, & sans aller plus loin,
De tout ce qu'on vous dit, je vous fasse témoin.

ORGON.

Soit, je vous prens au mot. Nous verrons vostre a-(dresse
Et comment vous pourrez remplir cette promesse.

ELMIRE.

Faites-le moy venir.

DORINE.

Son esprit est rusé,
Et peut-estre, à surprendre, il sera malaisé.

ELMIRE.

Non, on est aisément dupé par ce qu'on aime,
Et l'amour propre, engage à se tromper soy-mesme.
Faites-le moy descendre; & vous, retirez-vous.

Parlant à Cleante, & à Mariane.

SCENE IV.

ELMIRE, ORGON.

ELMIRE.

APprochons cette Table, & vous mettez dessous.

ORGON.

Comment?

ELMIRE.

Vous bien cacher, est un poinct necessaire.

ORGON.

Pourquoy sous cette Table?

ELMIRE.

Ah! mon Dieu, laissez faire,
J'ay mon dessein en teste, & vous en jugerez.

Met-

Mettez-vous là, vous dis-je; & quand vous y serez,
Gardez qu'on ne vous voye, & qu'on ne vous en-
(tende.

ORGON.

Je confesse qu'icy ma complaisance est grande;
Mais de vostre entreprise, il vous faut voir sortir.

ELMIRE.

Vous n'aurez, que je croy. rien à me repartir.

à son Mary qui est sous la Table.

Au moins, je vais toucher une étrange matiere,
Ne vous scandalisez en aucune maniere.
Quoy que je puisse dire, il doit m'estre permis,
Et c'est pous vous convaincre, ainsi que j'ay promis.
Je vais par des douceurs, puis que j'y suis reduite,
Faire poser le masque à cette ame hypocrite,
Flater, de son amour, les desirs effrontez,
Et donner un champ libre à ses temeritez. (dre,
Cõme c'est pour vous seul, & pour mieux le confõ-
Que mon ame à ses vœux va feindre de répondre,
J'auray lieu de cesser dés que vous vous rendrez,
Et les choses n'iront que jusqu'où vous voudrez.
C'est à vous d'arrester son ardeur insensée,
Quand vous croirez l'affaire assez avant poussée;
D'épargner vostre Femme, & de ne m'exposer
Qu'à ce qu'il vous faudra pour vous desabuser.
Ce sont vos interests, vous en serez le maistre,
Et... L'on vient, tenez-vous, & gardez de paraistre.

SCENE V.

TARTUFFE, ELMIRE, ORGON.

TARTUFFE.

On m'a dit qu'en ce lieu vous me vouliez parler

ELMIRE.

Ouy, l'on a des secrets à vous y réveler:
Mais tirez cette Porte avant qu'on vous les dise,
Et regardez par tout, de crainte de surprise:
Une affaire pareille à celle de tantost,
N'est pas assurément icy ce qu'il nous faut.

Jamais il ne s'est veu de surprise de mesme.
Damis m'a fait, pour vous, vne frayeur extréme,
Et vous auez bien veu que j'ay fait mes efforts
Pour rompre son dessein, & calmer ses transports.
Mon trouble, il est bien vray, m'a si fort possedée,
Que de le démentir je n'ay point eu l'idée :
Mais par là, grace au Ciel, tout a bien mieux esté,
Et les choses en sont dans plus de seureté,
L'estime où l'on vous tient, a dissipé l'orage,
Et mon Mary, de vous, ne peut prendre d'ombrage,
Pour mieux brauer l'éclat des mauuais jugemens,
Il veut que nous soyons ensemble à tous momens;
Et c'est par où je puis, sans peur d'estre blâmée,
Me trouuer icy seule auec vous enfermée,
Et ce qui m'authorise à vous ouurir vn cœur
Vn peu trop prompt, peut-estre, à souffrir vostre (ardeur.

TARTUFFE.

Ce langage, à comprendre, est assez difficile,
Madame, & vous parliez tantost d'vn autre stile.

ELMIRE.

Ah! si d'vn tel refus vous estes en courrous,
Que le cœur d'vne Femme est mal connu de vous!
Et que vous sçauez peu ce qu'il veut faire entẽdre,
Lors que si foiblement on le voit se defendre!
Toujours nostre pudeur combat, dans ces momẽs,
Ce qu'on peut nous donner de tendres sentimens.
Quelq; raison qu'õ trouue à l'amour qui nous dõte,
On trouue à l'auoüer, toûjours vn peu de honte;
On s'ẽ defend d'abord; mais de l'air qu'õ s'y prẽd,
On fait connoistre assez que nostre cœur se rend;
Qu'à nos vœux, par hõneur, nostre bouche s'opose;
Et que de tels refus promettent toute chose.
C'est vous faire, sans doute, vn assez libre aueu,
Et sur nostre pudeur me ménager bien peu :
Mais puis que la parole enfin en est lâchée,
A retenir Damis, me serois-je attachée ?
Aurois-je, je vous prie, auec tant de douceur,
Ecouté tout au long l'offre de vostre cœur ?
Aurois-je pris la chose ainsi qu'on m'a veu faire,

Si

Si l'offre de ce cœur n'eust eu dequoy me plaire?
Et lors que j'ay voulu moy-mesme vous forcer
A refuser l'hymen qu'on venoit d'anoncer, (dre,
Qu'est-ce que cette instance a dû vous faire enten-
Que l'interest qu'en vous on s'auise de prendre,
Et l'ennuy qu'on auroit que ce nœud qu'on résout,
Vinst partager du moins vn cœur que l'ō veut tout?

TARTUFFE.

C'est sans doute, Madame, vne douceur extréme,
Que d'entendre ces mots d'vne bouche qu'ō aime;
Leur miel, dans tous mes sens, fait couler à longs
Vne suauité qu'on ne gousta jamais. (traits
Le bonheur de vous plaire, est ma supreme étude,
Et mon cœur, de vos vœux, fait sa beatitude;
Mais ce cœur vous demande icy la liberté,
D'oser douter vn peu de sa felicité.
Je puis croire ces mots vn artifice honneste,
Pour m'obliger à rompre vn hymen qui s'apreste;
Et s'il faut librement m'expliquer auec vous,
Je ne me fiëray point à des propos si dous,
Qu'vn peu de vos faueurs, apres quoy je soûpire,
Ne vienne m'asseurer tout ce qu'ils m'ont pû dire,
Et planter dans mon ame vne constante foy
Des charmantes bontez que vous auez pour moy.

ELMIRE.

Elle tousse pour auertir son Mary.

Quoy! vous voulez aller auec cette vîtesse,
Et d'vn cœur, tout d'abord, épuiser la tendresse?
On se tuë à vous faire vn aueu des plus dous,
Cependant ce n'est pas encore assez pour vous;
Et l'on ne peut aller jusqu'à vous satisfaire,
Qu'aux dernieres faueurs on ne pousse l'affaire?

TARTUFFE.

Moins on mérite vn bien, moins on l'ose esperer;
Nos vœux, sur des discours, ont peine à s'assurer;
On soupçonne aisémēt vn sort tout plein de gloire,
Et l'on veut en jouir, auant que de le croire.
Pour moy, qui crois si peu mériter vos bontés,
Je doute du bonheur de mes temeritez;

Et je ne croiray rien, que vous n'ayez, Madame,
Par des réalitez, ſçeu conuaincre ma flame.

ELMIRE.

Mon Dieu, que voſtre amour, en vray Tyran agit!
Et qu'en vn trouble étrange il me jette l'eſprit!
Que ſur les cœurs il prend vn furieux empire!
Et qu'auec violence il veut ce qu'il deſire!
Quoy! de voſtre pourſuite, on ne peut ſe parer,
Et vous ne donnez pas le temps de reſpirer?
Sied-il bien de tenir vne rigueur ſi grande?
De vouloir ſans cartier, les choſes qu'on demande?
Et d'abuſer ainſi, par vos efforts preſſans,
Du foible que pour vous, vous voyez qu'ont les (Gens?

TARTUFFE.

Mais ſi d'vn œil benin vous voyez mes hommages,
Pourquoy m'en refuſer d'aſſurez témoignages?

ELMIRE.

Mais comment conſentir à ce que vous voulez,
Sans offencer le Ciel, dont toûjours vous parlez?

TARTUFFE.

Si ce n'eſt que le Ciel qu'à mes vœux on oppoſe,
Leuer vn tel obſtacle, eſt à moy peu de choſe,
Et cela ne doit pas retenir voſtre cœur.

ELMIRE.

Mais des Arreſts du Ciel on nous fait tant de peur.

TARTUFFE.

Je puis vous diſſiper ces craintes ridicules,
Madame, & je ſçay l'art de leuer les ſcrupules.
Le Ciel défend, de vray, certains contẽtemẽs; *C'eſt*
Mais on trouue auec luy des accommodemens. *vn*
Selon diuers beſoins, il eſt vne Science, *Scelerat*
D'étendre les liens de noſtre conſcience, *qui parle.*
Et de rectifier le mal de l'action
Auec la pureté de noſtre intention.
De ces ſecrets, Madame, on ſçaûra vous inſtruire;
Vous n'auez ſeulement qu'à vous laiſſer conduire.
Contentez mon deſir, & n'ayez point d'effroy,
Je vous répons de tout, & prens le mal ſur moy.
Vous touſſez fort, *Madame,*

EL-

ELMIRE.

Oüy, je ſuis au ſuplice.

TARTUFFE.

Vous plaiſt-il vn morceau de ce jus de Regliſſe ?

ELMIRE.

C'eſt vn rhume obſtinè, ſans doute, & je voy bien
Que tous les jus du Monde, icy, ne feront rien.

TARTUFFE.

Cela, certe, eſt fâcheux.

ELMIRF.

Oüy, plus qu'on ne peut dire.

TARTUFFE.

Enfin voſtre ſcrupule eſt facile à détruire,
Vous eſtes aſſurée icy d'vn plein ſecret,
Et le mal n'eſt jamais que dans l'éclat qu'on fait.
Le ſcandale du monde, eſt ce qui fait l'offence;
Et ce n'eſt pas pécher, que pécher en ſilence,

ELMIRE.

Apres auoir encor toussé.

Enfin je voy qu'il faut ſe réſoudre à ceder,
Qu'il faut que je conſente à vous tout accorder;
Et qu'à moins de cela. je ne dois point prétendre
Qu'on puiſſe eſtre content, & qu'õ veuille ſe rẽdre.
Sans doute, il eſt fâcheux d'en venir juſques-là,
Et c'eſt bien malgré moy, que je franchis cela :
Mais puis que l'on s'obſtine à m'y vouloir reduire,
Puis qu'on ne veut point croire à tout ce qu'on peut dire,
Et qu'on veut des témoins qui ſoient plus conuainquans,
Il faut bien s'y réſoudre, & contenter les Gens.
Si ce conſentement porte en ſoy quelque offence,
Tant-pis pour qui me force à cette violence;
La faute aſſurément n'en doit pas eſtre à moy.

TARTUFFE.

Ouy, Madame, on s'en charge, & la choſe de ſoy...

ELMIRE.

Ouurez vn peu la Porte, & voyez, je vous prie,
Si mon Mary n'eſt point dans cette Galerie.

TAR-

TARTUFFE.

Qu'est-il besoin pour luy, du soin que vous prenez?
C'est un Homme, entre nous, à mener par le nez.
De tous nos entretiens, il est pour faire gloire,
Et je l'ay mis au poinct de voir tout, sans rien croi-(re.

ELMIRE.

Il n'importe, sortez, je vous prie, un moment,
Et par tout, là-dehors, voyez exactement.

SCENE VI.

ORGON, ELMIRE.

ORGON. *sortant de dessous la Table.*

Voila, je vous l'avouë, un abominable Homme!
Ie n'en puis revenir, & tout cecy m'assomme.

ELMIRE.

Quoy! vous sortez si-tost? Vous vous moquez des (Gens.
Rentrez sous le Tapis, il n'est pas encor temps;
Attendez jusqu'au bout, pour voir les choses sûres,
Et ne vous fiez point aux simples conjectures.

ORGON.

Non, rien de plus méchant n'est sorty de l'Enfer.

ELMIRE.

Mon Dieu, l'on ne doit point croire trop de leger;
Laissez-vous bien convaincre, avant que de vous
rendre,
Et ne vous hastez point, de peur de vous méprẽdre

Elle fait mettre son Mary derriere elle.

SCENE VII.

TARTUFFE, ELMIRE, ORGON.

TARTUFFE.

Tout conspire, Madame, à mon contentement:
I'ay visité, de l'œil, tout cet appartement,
Personne ne s'y trouve, & mon ame ravie....

OR-

ORGON *en l'arrestant.* (vie,

Tout deux, vous suiuez trop vostre amoureuse en-
Et vous ne deuez pas vous tant passionner.
Ah, ah, l'Hõme de bien, vous m'en voulez donner!
Comme aux tentations s'abandonne vostre ame!
Vous épousiez ma Fille, & conuoitiez ma Femme!
J'ay douté fort longtemps, que ce fust tout de bon,
Et je croyois toûjours qu'on changeroit de ton:
Mais c'est assez avant pousser le témoignage,
Je m'y tiens, & n'en veux pour moy pas dauantage.

ELMIRE *à Tartuffe.*

C'est contre mon humeur, que j'ay fait tout cecy;
Mais on m'a mise au poinct de vous traiter ainsy.

TARTUFFE.

Quoy! vous croyez....

ORGON.

Allons, point de bruit, je vous prie;
Dénichons de ceans, & sans ceremonie.

TARTUFFE.

Mon dessein....

ORGON.

Ces discours ne sont plus de saison,
Il faut, tout sur le champ, sortir de la Maison.

TARTUFFE.

C'est à vous d'en sortir, vous qui parlez en Maistre,
La Maison m'appartient, je le feray connaistre,
Et vous monstreray bien qu'en vain on a recours,
Pour me chercher querelle, à ces lâches détours;
Qu'on n'est pas où l'on pense, en me faisant injure;
Que j'ay dequoy confondre, & punir l'imposture,
Vanger le Ciel qu'on blesse, & faire repentir
Ceux qui parlent icy de me faire sortir.

SCENE VIII.

ELMIRE, ORGON.

ELMIRE.

Quel est donc ce langage, & qu'est-ce qu'il
veut dire?

ORGON.

Ma foy, je suis confus, & n'ay pas lieu de rire.

ELMIRE.

Comment?

ORGON.

Ie voy ma faute, aux choses qu'il me dit,
Et la donation m'embarasse l'esprit.

ELMIRE.

La donation....

ORGON.

Ouy, c'est une affaire faite;
Mais j'ay quelqu'autre chose encor qui m'inquiete.

ELMIRE.

Et quoy?

ORGON.

Vous sçaurez tout: Mais voyons au plutost,
Si certaine Cassette est encore là-haut.

Fin du Quatrième Acte.

ACTE V.

SCENE PREMIERE.

ORGON, CLEANTE.

CLEANTE.

U voulez-vous courir?

ORGON.

Las! que sçay-je?

CLEANTE.

Il me semble
Que l'on doit commencer par consulter ensemble,
Les choses qu'on peut faire en cet évenement.

ORGON.

Cette Cassette-là me trouble entierement.
Plus que le reste encor, elle me desespere.

CLEANTE.

Cette Cassette est donc un important mystere?

OR-

ORGON.

C'est un dépost qu'Argas, cet Amy que je plains,
Luy-mesme, en grand secret, m'a mis ētre les mains
Pour cela, dans sa fuite, il me voulut élire;
Et ce sont des papiers, à ce qu'il m'a pû dire,
Où sa vie, & ses biens, se trouvent attachez.

CLEANTE.

Pourquoy donc les avoir en d'autres mains lâchez?

ORGON.

Ce fut par un motif de Cas de Conscience.
I'allay droit à mon Traistre en faire confidence,
Et son raisonnement me vint persuader
De luy donner plutost la Cassette à garder;
Afin que pour nier, en cas de quelque enqueste,
I'eusse d'un faux-fuyant, la faveur toute preste,
Par où ma conscience eust pleine seureté
A faire des sermens contre la verité.

CLEANTE.

Vous voila mal, au moins si j'en croy l'aparence,
Et la donation, & cette confidence,
Sont, à vous en parler selon mon sentiment,
Des démarches, par vous, faites legerement.
On peut vous mener loin avec de pareils gages,
Et cet Homme, sur vous, ayant ces avantages,
Le pousser est encor grande imprudence à vous,
Et vous deviez chercher quelque biais plus dous.

ORGON.

Quoy! sous un beau semblant de ferveur si touchante,
Cacher un cœur si double, une ame si méchante?
Et moy qui l'ay reçeu gueusant, & n'ayant rien....
C'en est fait, je renonce à tous les Gens de bien.
I'en auray desormais une horreur effroyable,
Et m'en vais devenir, pour eux, pire qu'un Diable

CLEANTE.

Hé bien, ne voila pas de vos emportemens!
Vous ne gardez en rien les doux tempéramens.
Dans la droite raison, jamais n'entre la vostre;
Et toûjours, d'un exces, vous vous jettez dans l'autre.
Vous voyez vostre erreur, & vous avez connu,

Que

Que par vn zele feint vous estiez préuenu :
Mais pour vous corriger, quelle raison demande
Que vous alliez passer dans vne erreur plus grande,
Et qu'auecque le cœur d'vn perfide Vaurien.
Vous cõfondiez les cœurs de tous les Gens de biẽ?
Quoy! parce qu'vn fripon vous dupe auec audace,
Sous le pompeux éclat d'vne austere grimace,
Vous voulez que par tout on soit fait comme luy,
Et qu'aucun vray Deuot ne se trouue aujourd'huy?
Laissez aux Libertins ces sottes consequences,
Démeslez la Vertu d'auec ses apparences,
Ne hazardez jamais vostre estime trop tost,
Et soyez, pour cela, dans le milieu qu'il faut.
Gardez-vous, s'il se peut, d'honorer l'Imposture:
Mais au vray zele aussi n'allez pas faire injure;
Et s'il vous faut tomber dans vne extremité,
Péchez plutost encor de cet autre costé.

SCENE II.

DAMIS, ORGON, CLEANTE.

DAMIS.

QUoy! mon Pere, est-il vray qu'vn Coquin vous menace?
Qu'il n'est point de bienfait qu'en son ame il n'efface,
Et que son lâche orgueil, trop digne de courrous,
Se fait, de vos bontez, des armes contre vous?

ORGON.

Oüy, mon Fils, & j'en sens des douleurs nompareilles.

DAMIS.

Laissez-moy, je luy veux couper les deux oreilles.
Contre son insolence, on ne doit point gauchir.
C'est à moy, tout d'vn coup, de vous en affranchir;
Et pour sortir d'affaire, il faut que je l'assomme.

CLEANTE.

Voila, tout justement, parler en vray jeune Hõme.
Moderez, s'il vous plaist, ces transports éclatans;
Nous viuõs sous vn regne, & sommes dans vn tẽps,
Où, par la violence, on fait mal ses affaires.

SCENE III.

MADAME PERNELLE, MARIANE, ELMIRE, DORINE, DAMIS, ORGON, CLEANTE.

M. PERNELLE.

QU'est-ce? j'aprens icy de terribles mysteres.

ORGON.

Ce sont des nouueautez dont mes yeux sont té- (moins,
Et vous voyez le prix dont sont payez mes soins.
Je recüeille, auec zele, vn Homme en sa misere,
Je le loge, & le tiens comme mon propre Frere;
De bienfaits, chaque jour, il est par moy chargé.
Je luy donne ma Fille, & tout le bien que j'ay;
Et dans le mesme temps, le Perfide, l'Infame,
Tente le noir dessein de suborner ma Femme;
Et non content encor de ces lâches essais,
Il m'ose menacer de mes propres bienfaits,
Et veut, à ma ruine, user des auantages
Dont le viennent d'armer mes bontez trop peu sa- (ges,
Me chasser de mes biens où je l'ay transferé,
Et me reduire au poinct d'où je l'ay retiré.

DORINE.

Le pauure Homme!

M. PERNELLE.

*M*on Fils, je ne puis du tout croire
Qu'il ait voulu commettre une action si noire.

ORGON.

Comment?

M. PERNELLE.

Les Gens de bien sont enviez toûjours.

ORGON.

Que voulez-vous donc dire auec vostre discours,
Ma Mere?

M. PERNELLE.

Que chez vous on vit d'étrange sorte,
Et qu'on ne sçait que trop la haine qu'on luy porte.

ORGON.

Qu'a cette haine à faire avec ce qu'on vous dit ?

M. PERNELLE.

Je vous l'ay dit cent fois, quand vous estiez petit.
La Vertu, dans le Monde, est toûjours poursuivie ;
Les envieux mourront, mais non jamais l'Envie.

ORGON.

Mais que fait ce discours aux choses d'aujourd'huy?

M. PERNELLE.

On vous aura forgé cent sots contes de luy.

ORGON.

Je vous ay dit déja, que j'ay veu tout moy-mesme.

M. PERNELLE.

Des Esprits médisans, la malice est extréme.

ORGON.

Vous me feriez damner, ma Mere! Je vous dy,
Que j'ay veu de mes yeux, un crime si hardy.

M. PERNELLE.

Les langues ont toûjours du venin à répandre;
Et rien n'est, icy-bas, qui s'en puisse défendre.

ORGON.

C'est tenir un propos de sens bien depourveu !
Je l'ay veu, dis-je, veu, de mes propres yeux veu,
Ce qu'on appelle veu: Faut-il vous le rebattre
Aux oreilles cent fois, & crier comme quatre ?

M. PERNELLE.

Mon Dieu, le plus souvent, l'apparence décoit.
Il ne faut pas toûjours juger sur ce qu'on voit.

ORGON.

J'enrage.

M. PERNELLE.

Aux faux soupçons la Nature est sujette ;
Et c'est souvent à mal, que le bien s'interprete.

ORGON.

Ie dois interpreter à charitable soin,
Le desir d'embrasser ma Femme ?

M. PERNELLE.

Il est besoin,
Pour accuser les Gens, d'avoir de justes causes,

Et vous deviez attendre à vous voir ſeur des cho-
ORGON. (ſes.
Hé, diantre, le moyen de m'en aſſurer mieux ?
Ie devois donc, ma *Mere*, attendre qu'à mes yeux
Il euſt.... Vous me feriez dire quelque ſottiſe.
M. PERNELLE.
Enfin d.un trop pur zele on voit ſon ame épriſe,
Et je ne puis du tout me mettre dans l'eſprit,
Qu'il ait voulu tenter les choſes que l'on dit.
ORGON.
Allez. Ie ne ſçay pas, ſi vous n'eſtiez ma *Mere*,
Ce que je vous dirois, tant je ſuis en colere.
DORINE.
Iuſte retour, Monſieur, des choſes d'icy-bas.
Vous ne vouliez point croire, & l'on ne vous croit
CLEANTE. (pas.
Nous perdons des momens, en bagatelles pures,
Qu'il faudroit employer à prendre des meſures.
Aux menaces du Fourbe, on doit ne dormir point.
DAMIS.
Quoy! ſon effronterie iroit juſqu'à ce poinct ?
ELMIRE.
Pour moy, je ne croy pas cette inſtance poſſible,
Et ſon ingratitude eſt icy trop viſible.
CLEANTE.
Ne vous y fiez pas, il aura des reſſorts,
Pour donner, contre vous, raiſon à ſes efforts;
Et ſur moins que cela, le poids d'une Cabale
Embaraſſe les Gens dans un fâcheux Dédale.
Je vous le dis encor, armé de ce qu'il a,
Vous ne deviez jamais le pouſſer juſques-là.
ORGON. (ſtre,
Il eſt vray, mais qu'y faire ? A l'orgueil de ce Trai-
De mes reſſentimens je n'ay pas eſté maiſtre.
CLEANTE. (deux,
Ie voudrois de bon cœur, qu'on puſt entre vous
De quelque ombre de paix, racommoder les nœus.
ELMIRE.
Si j'avois ſçeu qu'en main il a de telles armes,

Ie n'aurois pas donné mariere à tant d'alarmes,
Et mes....

ORGON.

Que veut cet Homme? Allez tost le sçavoir;
Ie suis bien en estat que l'on me vienne voir.

SCENE IV.

MONSIEUR LOYAL, M. PERNELLE, ORGON, DAMIS, MARIANE, DORINE, ELMIRE, CLEANTE.

M. LOYAL.

Bon-jour, ma chere Sœur. Faites, je vous suplie,
Que je parle à Monsieur.

DORINE. Il est en compagnie,
Et je doute qu'il puisse, à present, voir quelqu'un.

M. LOYAL.

Ie ne suis pas pour estre, en ces lieux, importun.
Mon abord n'aura rien, je croy, qui luy déplaise,
Et je viens pour un fait dont il sera bien aise.

DORINE. Vostre nom?

M. LOYAL. Dites-luy seulement que je vien
De la part de Monsieur Tartuffe, pour Son bien.

DORINE.

C'est un Homme qui vient, avec douce maniere,
De la part de Monsieur Tartuffe, pour affaire,
Dont vous serez, dit-il bien aise.

CLEANTE. Il vous fait voir.
Ce que c'est que cet Homme, & ce qu'il peut vouloir.

ORGON.

Pour nous racommoder, il vient icy, peut-estre.
Quels sentimens auray-je à luy faire parestre?

CLEANTE.

Vostre ressentiment ne doit point éclater;
Et s'il parle d'accord, il le faut écouter.

M. LOYAL.

Salut, Monsieur. Le Ciel perde qui vous veut nuire
Et vous soit favorable autant que je desire.

OR-

ORGON.

Ce dous début s'accorde auec mon jugement,
Et présage déja quelque accommodement.

M. LOYAL.

Toute vostre Maison m'a toûjours esté chere,
Et j'estois seruiteur de Monsieur vostre Pere.

ORGON.

Monsieur, j'ay grande honte, & demande pardon,
D'estre sans vous cõnoistre, ou sçauoir vostre nom.
M. LOYAL. Je m'apelle Loyal, natif de Normandie,
Et suis Huissier à Verge, en dépit de l'Enuie.
I'ay depuis quarante ans, grace au Ciel, le bonheur
D'en exercer la Charge auec beaucoup d'honneur;
Et je vous vien, Monsieur, auec vostre licence,
Signifier l'Exploit de certaine Ordonnance,
ORGON. Quoy! vous estes icy....
M. LOYAL. Monsieur, sans passion,
Ce n'est rien seulement qu'vne Sommation.
Vn ordre de vuider d'icy, vous, & les vostres,
Mettre vos meubles hors, & faire place à d'autres,
Sans delay, ny remise, ainsi que besoin est....
ORGON. Moy, sortir de ceans?
M. LOYAL. Ouy, Monsieur, s'il vous plaist.
La *Maison* à present, comme sçauez de reste,
Au bon Monsieur Tartuffe appartient sans conteste.
De vos biens desormais il est Maistre, & Seigneur,
En vertu d'vn Contract duquel je suis Porteur.
Il est en bonne forme, & l'on n'y peut rien dire.

DAMIS.

Certes, cette impudence est grande, & je l'admire.

M. LOYAL.

Monsieur, je ne doy point auoir affaire à vous;
C'est à *Monsieur*, il est, & raisonnable, & dous,
Et d'vn Homme de bien il sçait trop bien l'office,
Pour se vouloir du tout opposer à Justice.
ORGON. *Mais....*

M. LOYAL.

Ouy, *Monsieur*, je sçay que pour vn million
Vous ne voudriez pas faire rebellion;

Et que vous souffrirez en honneste Personne,
Que j'execute icy les ordres qu'on me donne.

DAMIS.

Vous pourriez bien icy, sur vostre noir jupon,
Monsieur l'Huissier à Verge, attirer le baston.

M. LOYAL.

Faites que vostre Fils se taise, ou se retire,
Monsieur, j'aurois regret d'estre obligé d'écrire,
Et de vous voir couché dans mon Procez verbal.

ELMIRE.

Ce Monsieur Loyal porte vn air bien déloyal !

M. LOYAL.

Pour tous les Gens de bien, j'ay de grandes tendres(ses,
Et ne me suis voulu, Monsieur, charger des Pieces,
Que pour vous obliger, & vous faire plaisir ;
Que pour oster, par là, le moyen d'en choisir,
Qui n'ayant pas pour vous le zele qui me pousse,
Auroient pû proceder d'vne façon moins douce.

ORGON.

Et que peut-on de pis, que d'ordonner aux Gens
De sortir de chez eux ?

M. LOYAL. On vous donne du temps,
Et jusques à demain, je feray surseance
A l'execution, Monsieur, de l'ordonnance,
Je viendray seulement passer icy la nuit,
Auec dix de mes Gens, sans scandale, & sans bruit.
Pour la forme, il faudra, s'il vous plaist, qu'on m'apporte,
Auant que se coucher, les clefs de vostre Porte.
J'auray soin de ne pas troubler vostre repos,
Et de ne rien souffrir qui ne soit à propos.
Mais demain du matin, il vous faut estre habile
A vuider de ceans jusqu'au moindre vstencile.
Mes Gens vous aideront; & je les ay pris forts,
Pour vous faire seruice à tout mettre dehors.
On n'en peut pas vser mieux que je fais, je pense;
Et comme je vous traite auec grande indulgence,
Je vous conjure aussi, Monsieur, d'en user bien,
Et qu'au deu de ma Charge on ne me trouble en rien.

OR-

ORGON.
Du meilleur de mon cœur, je dônerois sur l'heure.
Les cent plus beaux Loüis de ce qui me demeure,
Et pouuoir à plaisir, sur ce muffle asfener
Le plus grand coup de poing qui se puisse donner.

CLEANTE. Laissez, ne gastons rien.

DAMIS. A cette audace étrange,
J'ay peine à me tenir, & la main me demange.

DORINE.
Auec vn si bon dos, ma foy, Monsieur Loyal,
Quelques coups de baston ne vous sieroient pas (mal.

M. LOYAL.
On pourroit bien punir ces paroles infames,
Mamie, & l'on decrette aussi contre les Femmes.

CLEANTE.
Finissons tout cela, Monsieur, c'en est assez;
Donnez tost ce papier, de grace, & nous laissez.

M. LOYAL.
Jusqu'au reuoir. Le Ciel vous tienne tous en joye.

ORGON.
Puisse-t-il te confondre, & celuy qui t'enuoye!

SCENE V.

ORGON, CLEANTE, MARIANE, ELMIRE, M. PERNELLE, DORINE, DAMIS.

ORGON.
HE bien, vous le voyez, ma *Mere*, si j'ay droict;
Et vous pouuez juger du reste par l'Exploit.
Ses trahisons enfin, vous sont-elles connues?

M. PERNELLE.
Je suis toute ébaubie, & je tombe des nuës.

DORINE.
Vous vous plaignez à tort; à tort vous le blâmez,
Et ses pieux desseins, par là, sont confirmez.
Dans l'amour du Prochain, sa vertu se consomme,
Il sçait que tres-souuent les biens corrompent l'Homme;

Et par charité pure, il veut vous enleuer
Tout ce qui vous peut faire obstacle à vous sauuer.

ORGON.

Taisez-vous ; c'est le mot qu'il vous faut toûjours (dire.

CLEANTE.

Allons voir quel conseil on doit vous faire élire.

ELMIRE. Allez faire éclater l'audace de l'Ingrat,
Ce procedé détruit la vertu du Contract;
Et sa délolauté va paroistre trop noire,
Pour souffrir qu'il en ait le succés qu'õ veut croire.

SCENE VI.

VALERE, ORGON, CLEANTE, ELMIRE, MARIANE, &c.

VALERE.

AVec regret, Monsieur, je viens vous affliger ;
Mais je m'y voy cõtraint par le pressant danger.
Vn Amy qui m'est joint d'vne amitié fort tendre,
Et qui sçait l'interest qu'en vous j'ay lieu de pren-(dre
A violé pour moy, par vn pas délicat,
Le secret que l'on doit aux affaires d'Estat,
Et me vient d'enuoyer vn auis dont la suite
Vous reduit au party d'vne soudaine fuite.
Le fourbe, qui longtemps a pû vous imposer,
De puis vne heure, au Prince a sçeu vous accuser,
Et remettre en ses mains, dans les traits qu'il vous (jette,
D'vnCriminel d'Estat, l'importanteCassette,
Dont au mépris, dit-il, du deuoir d'vn Sujet,
Vous auez conserué le coupable secret.
J'ignore le détail du crime qu'on vous donne,
Mais vn Ordre est donné contre vostre personne,
Et luy-mesme est chargé, pour mieux l'executer,
D'accompagner celuy qui vous doit arrester.

CLEANTE.

Voila ses droicts armez, & c'est par où le Traistre,
De vos biens qu'il pretend, cherche à se rendre maistre.

ORGON.

L'Homme est, je vous l'auouë, vn méchant Animal!

VA-

VALERE.

Le moindre amusement vous peut estre fatal.
I'ay, pour vous emmener, mon Carosse à la Porte,
Avec mille Loüis qu'icy je vous apporte.
Ne perdons point de temps, le trait est foudroyant,
Et ce sont de ces coups que l'on pare en fuyant.
A vous mettre en lieu seur, je m'offre pour cōduite
Et veux accompagner, jusqu'au bout, vostre fuite.

ORGON.

Las! que ne dois je point à vos soins obligeans,
Pour vous en rendre grace, il faut un autre temps;
Et je demande au Ciel, de m'estre assez propice,
Pour reconnoistre un jour ce genereux service.
Adieu, prenez le soin vous autres....

CLEANTE. Allez tost;

Nous songerons, mon Frere, à faire ce qu'il faut.

SCENE DERNIERE.

L'EXEMPT, TARTUFFE, VALERE, ORGON, ELMIRE, MARIANE, &c.

TARTVFFE.

Tout-beau, Monsieur, tout-beau, ne courez point si viste;
Vous n'irez pas fort loin, pour trouver vostre giste,
Et de la part du Prince, on vous fait prisonnier.

ORGON.

Traistre, tu me gardois ce trait pour le dernier.
C'est le coup, Scelerat, par où tu m'expedies,
Et voila couronner toutes tes perfidies.

TARTVFFE.

Vos injures n'ont rien à me pouvoir aigrir,
Et je suis, pour le Ciel, appris à tout souffrir.

CLEANTE.

La modération est grande, je l'avouë.

DAMIS.

Comme du Ciel, l'Infame, impudemment se jouë!

TARTUFFE.

Tous vos emportemens ne sçauroient m'émouvoir,

Et

Et je ne songe à rien, qu'a faire mon devoir.

MARIANE.

Vous avez de cecy, grande gloire à prétendre,
Et cet employ pour vous, est fort honneste à pren-
(dre.

TARTVFFE.

Un employ ne sçauroit estre que glorieux,
Quand il part du pouvoir qui m'évoye en ces lieux.

ORGON.

Mais t'es-tu souvenu que ma main charitable,
Ingrat, t'a retiré d'un estat miserable;

TARTUFFE.

Oüy, je sçay quels secours j'en ay pû recevoir;
Mais l'interest du Prince est mon premier devoir!
De ce devoir sacré, la juste violence.
Etouffe dans mon cœur toute reconnoissance;
Et je sacrifirois à de si puissans nœux,
Amy, Femme, Parens, & moy-mesme avec eux.

ELMIRE. L'Imposieur!

DORINE. Comme il sçait, de traistresse maniere,
Se faire un beau manteau de tout ce qu'on révere!

CLEANTE.

Mais sst'il e si parfait que vous le declarez,
Ce zele qui vous pousse, & dont vous vous parez;
D'où vient que pour paroistre, il s'avise d'attendre,
Qu'à poursuivre sa Femme, il ait sçeu vous surpren-
(dre?
Et que vous ne songez â l'aller dénoncer,
Que lors que son honneur l'oblige à vous chasser?
Je ne vous parle point, pour devoir en distraire,
Du don de tout son bien qu'il venoit de vous faire:
Mais le voulant traitter en coupable aujourd'huy,
Pourquoy consentiez-vous à rien prendre de luy?

TARTUFFE *à l'Exempt.*

Délivrez-moy, Monsieur, de la criaillerie,
Et daignez accomplir vostre Ordre, je vous prie.

L'EXEMPT.

Ouy, c'est trop demeurer, sans doute, à l'accomplir.
Vostre bouche à propos m'inuite à le remplir;
Et pour l'executer, suivez-moy tout à l'heure
Dans la Prison qu'on doit vous donner pour de-
meure.

TARTUFFE. Qui, moy, *Monsieur*?

L'EXEMPT. Ouy, vous.

TARTUFFE. Pourquoy donc la Prison?

L'EXEMPT.

Ce n'est pas vous à qui j'en veux rendre raison.
Remettez-vous, *Monsieur*, d'une alarme si chaude.
Nous vivons sous un Prince ennemy de la fraude,
Un Prince dont les yeux se font jour dans les cœurs
Et que ne peut tromper tout l'art des Imposteurs.
D'un fin discernement, sa grande ame pourveuë,
Sur les choses toûjours jette une droite veuë,
Chez elle jamais rien ne surprend trop d'accés,
Et sa ferme raison ne tombe en nul excés.
Il donne aux Gens de bien une gloire immortelle,
Mais sans aveuglement il fait briller ce zele,
Et l'amour pour les vrais, ne ferme point son cœur
A tout ce que les faux doivent donner d'horreur.
Celuy-cy n'estoit pas pour le pouvoir surprendre,
Et de pieges plus fins on le voit se defendre.
D'abord il a percé, par ses vives clartez,
Des replis de son cœur, toutes les lâchetez.
Venant vous accuser, il s'est trahy luy-mesme,
Et par un juste trait de l'équité supréme,
S'est découvert au Prince un Fourbe renommé,
Dont sous un autre nom il estoit informé;
Et c'est un long détail d'actions toutes noires,
Dont on pourroit former des Volumes d'Histoires
Ce *Monarque*, en un mot, a vers vous déteste
Sa lâche ingratitude, & sa déloyauté;
A ses autres horreurs, il a joint cette suite,
Et ne m'a, jusqu'icy, soûmis à sa conduite,
Que pour voir l'impudence aller jusques au bout,
Et vous faire, par luy, faire raison de tout.
Ouy, de tous vos papiers, dont il se dit le maistre,
Il veut qn'entre vos mains, je dépouille le Traistre.
D'un souverain pouvoir il brise les liens
Du Contract qui luy fait un don de tous vos biens,
Et vous pardonne enfin cette offence secrette
Où vous a, d'un Amy, fait tomber la retraire;

Et

Et c'eſt le prix qu'il donne au zele qu'autrefois
On vous vit témoigner, en appuyant ſes droicts;
Pour montrer que ſon cœur ſçait, quand moins on y penſe,
D'une bonne action verſer la récompenſe;
Que jamais le mérite, avec luy, ne pert rien,
Et que mieux que du mal, il ſe ſouvient du bien.

DORINE. Que le Ciel ſoit loué!

M. PERNELLE. Maintenant je reſpire.

ELMIRE. Favorable ſuccés!

MARIANE. Qui l'auroit oſé dire?

ORGON *à Tartuffe.* Hé bien, te voila, Traiſtre...

CLEANTE. Ah! mon Frere, arreſtez,
Et ne deſcendez point à des indignitez.
A ſon mauvais deſtin laiſſez un miſerable,
Et ne vous joignez point au remords qui l'accable.
Souhaitez bien plutoſt, que ſon cœur, en ce jour,
Au ſein de la Vertu faſſe un heureux retour;
Qu'il corrige ſa vie, en déteſtant ſon vice,
Et puiſſe du grand Prince adoucir la juſtice;
Tandis qu'à ſa bonté vous irez à genous,
Rendre ce que demande un traitement ſi dous.

ORGON.

Ouy, c'eſt bien dit; allons à ſes piez, avec joye,
Nous louer des bõtez que ſon cœur nous déploye:
Puis acquitez un peu de ce premier devoir,
Aux juſtes ſoins d'un autre, il nous faudra pouvoir;
Et par un doux hymen, couronner en Valere,
La flame d'un Amant genereux, & ſincere.

FIN.

www.ingramcontent.com/pod-product-compliance
Lightning Source LLC
LaVergne TN
LVHW020035170826
845678LV00001B/255
9782329729237